佐賀学ブックレット⑩

鍋島治茂の政治

治茂が設立した藩校弘道館の記念碑（佐賀市松原、公益財団法人鍋島報效会徴古館隣）

伊藤昭弘
Ito Akihiro

海鳥社

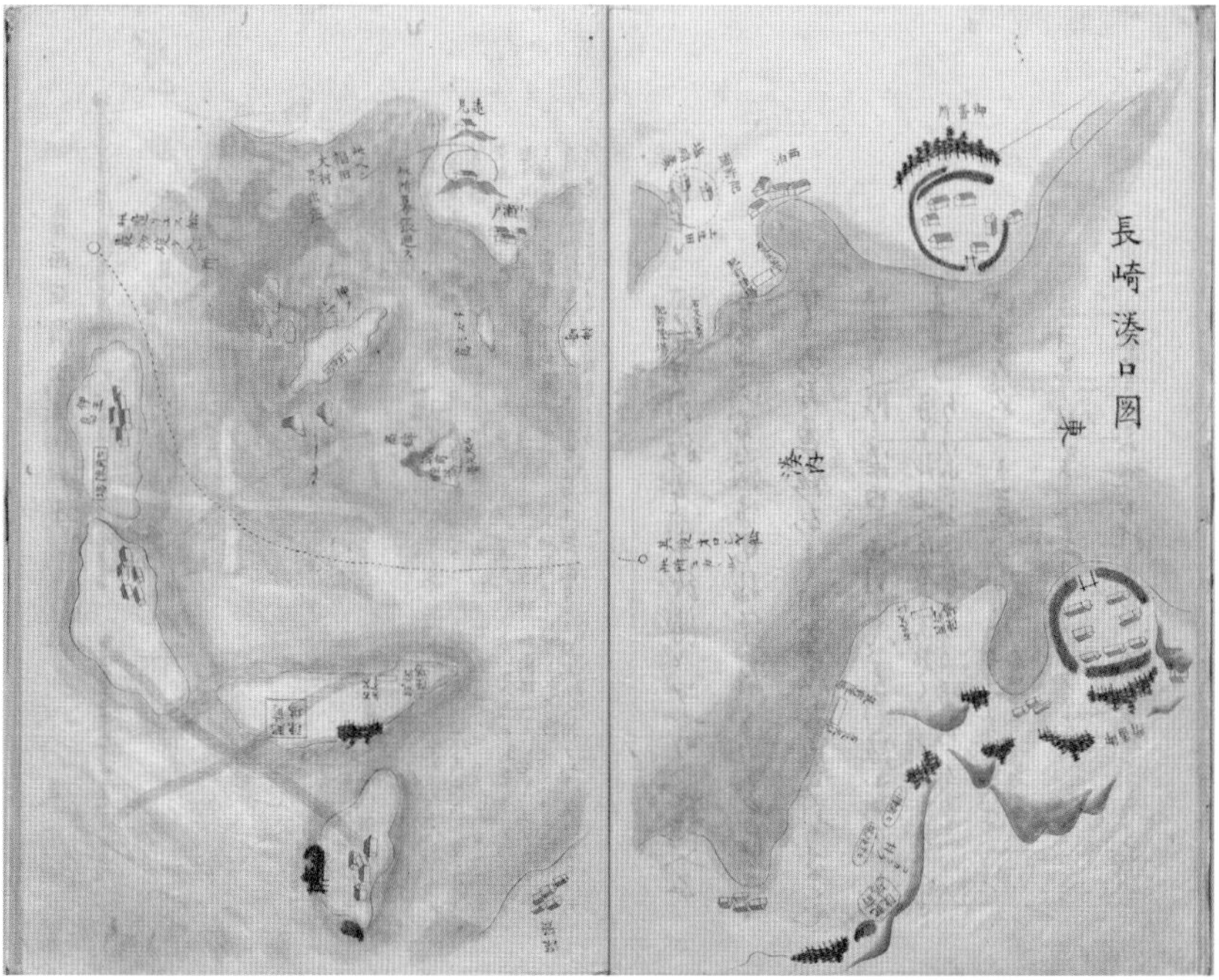

レザノフが長崎に来航したさい、帰国した日本人漂流民の見聞を大槻玄沢がまとめた『環海異聞』に描かれた長崎港入口付近（国立公文書館所蔵、同館デジタルアーカイブより）

レザノフが乗るナジェジダ号を囲む諸藩の番船。左下が佐賀藩の船（『環海異聞』より）

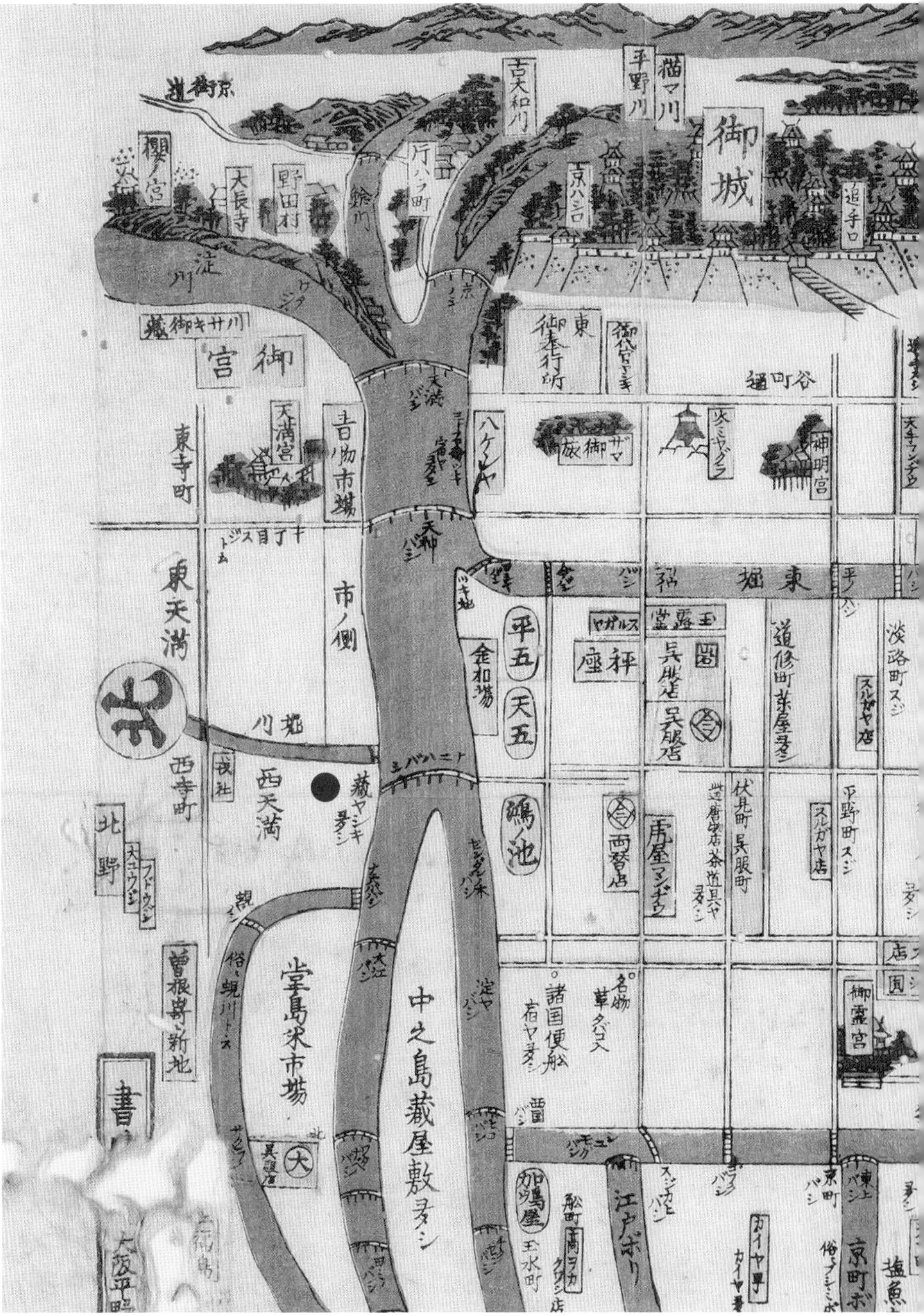

『浪華名所独案内』（大阪市立中央図書館所蔵、同館デジタルアーカイブより）の堂島付近。赤丸を付したあたりに佐賀藩大坂蔵屋敷があった。「平五」（平野屋五兵衛）「天五」（天王寺屋五兵衛）「鴻ノ池」（鴻池善右衛門）「加嶋屋」（加嶋屋久右衛門）などの名前もみえる

龍神社（白石町福富下分）の本殿裏にある「豊玉姫之尊」祠。六府方による干拓地の守り神として天明５年（1785）８月に建立された

龍神社の鳥居に刻まれた「六府省」（六府方）の文字

鍋島治茂の政治◉目次

佐賀藩中興の祖　鍋島治茂　11

天明期の佐賀藩政　

寛政・享和期の政治 80

治茂の死 93

治茂と直正 98

佐賀学ブックレット⑩

鍋島治茂の政治

佐賀藩中興の祖　鍋島治茂

佐賀藩の藩主でもっとも有名なのは、やはり幕末の名君直正《なおまさ》だろう。ほかには初代藩主勝茂《かつしげ》や、藩主としてカウントされないが「藩祖」直茂《なおしげ》は、戦国時代ファンの方にはよく知られているだろう。本書では、八代藩主治茂《はるしげ》を取り上げる。佐賀藩について詳しい方なら、藩政改革を遂行した「中興の祖」として(1)、また明治維新一五〇年記念の博覧会に足を運んだ方は、多くの人材を輩出した弘道館を創設した人物としてご記憶かもしれない。ただ孫の直正に比べれば、一般にはほとんど知られていないといっていいだろう。

治茂の藩政改革を論じるさい、まず七代藩主重茂《しげもち》の治世が取り上げられる。特に重茂が藩内に広く意見を求め、それに応じて提出された「御《お》仕《し》組八ヶ条《くみはちかじょう》」(2)は、直後に藩主に就いた治茂の藩政改革に大きく影響したとされる。そのため治茂の政策と「御仕組八ヶ条」の内容を比較のうえ、藩政改革について論じられることが多い。また治茂の同時代には、たとえば米沢藩の上杉鷹山《ようざん》や熊本藩の細川重賢《しげかた》、萩藩の毛利重就《しげたか》など「名君」と評価される藩主が多く、「江戸中期藩政改革の時

(1) 藤野保「藩政改革の基調とプロゼクト」(藤野編『続佐賀藩の総合研究』第二章第二節、吉川弘文館、一九八七年)など。

(2) 公益財団法人鍋島報效会所蔵(佐賀県立図書館寄託)鍋島家文庫三一九-一五。

代」ともいわれる。そのなかで、諸藩に比較的共通する思想として、藩を豊かにする「国益」思想が論じられ、治茂の政策もその流れのなかで評価される。

以上のような視点にもとづくため、治茂の政治について「御仕組八ヶ条」に似ていたり（たとえば前述の弘道館創設）、「国益」思想に通じていたりするような政策については注目されるが、そのほかの政策も含めての総合的な評価は不十分に思える。

本書は治茂の伝記として、また佐賀藩政史の一環として著した。多くの方に治茂について知っていただくとともに、佐賀藩政史において新たな視点を提示できればと考えている。

鹿島鍋島家を継ぐ

誕生

延享二年（一七四五）八月四日、佐賀藩五代藩主鍋島宗茂《むねしげ》の側室である雪（小代清兵衛娘）は、佐賀城北の丸において男児を産んだ。宗茂は貞享三年（一六八六）生まれで、このとき六〇歳を迎えていた。老いて授かった子どもに、彼は「豊《とよ》松《まつ》」と命名した(1)。

宗茂は元文三年（一七三八）に隠居しており、当時の佐賀藩は六代藩主宗教《むねのり》が治めていた。北の丸は彼の隠居所で、もともとは重臣多《た》久《く》家の屋敷だった。鍋島家の系図によると、宗茂は豊松以前に九男七女をもうけ、豊松は一七番目の子ども（一〇男）だった。

豊松にはたくさんのきょうだいがいたことになるが、その多くは早世しており、豊松が生まれた時点では、長男宗教（二八歳）、五男主膳《しゅぜん》（のちの直良《なおよし》、二二歳）、七男右平太《うへいた》（のちの重茂《しげもち》、一三歳）、六女多根（一二歳）、八男翁介《おうすけ》（三歳）、七女俊（二歳）がいた。重茂までは宗茂の正室（久世《くぜ》大納言通夏《みちなつ》の娘貞姫）の子、あ

（1）本書にて、特に注記していない場合は治茂の年譜（佐賀県立図書館編集・発行『佐賀県近世史料』第一編五～一〇巻、一九九七～二〇〇二年）に拠る。

佐賀城北の丸跡（現佐賀県庁南別館など）

との三人は豊松と同じ雪の子であった。なお宗茂は、豊松のあとにも二女をもうけている。最後の子乙土は宝暦三年（一七五三）生まれ、宗茂六八歳のときである。その翌年、宗茂は亡くなった。

兄たち

六代藩主宗教は男児がなく、寛延二年（一七四九）、弟右平太を跡継ぎに定めた。右平太は元服し、上総介直亮（のち重茂）を名乗る。またこの年、豊松とひとつ違いの兄翁介が病死した。もうひとりの兄主膳は、宝暦四年に直鄰を実名としたとの記録がある（のち直良）。このとき彼は三一歳だが、のちの史料には「病身」とある。また藩主の男子は、跡継ぎ以外はおおよそ重臣の家に養子として入っているが、彼はどこにも行かなかった。なお豊松も、主膳と同じとき実名を「直凞《なおひろ》」としている。

鹿島鍋島家へ

宝暦九年、一五歳になった直凞は元服の儀式のひとつである「袖留《そでどめ》」を済ませ、通称を「中務《なかつかさ》」に改めた。さらに同年一〇月二日、佐賀藩家老鍋島茂興は鹿島《かしま》鍋島家の家老らを呼び寄せ、直凞を鹿島鍋島家当主直郷《なおさと》の養子にしたいという藩主宗教、嗣子《しし》重茂の意向を伝えた。直郷は享保三年（一七一八）生まれ、同一三年

小城鍋島家初代鍋島元茂、二代直能を祀る岡山神社（小城市小城町）

に一一歳で鹿島鍋島家の当主に就いた。養子の話が出た宝暦九年は四二歳、子がなかったこともあり、スムーズにすすんだようだ。同年一〇月七日、佐賀藩請役《うけやく》（いわゆる筆頭家老）鍋島茂和に対し、直郷より直凞を養子に迎えたいとの願書が提出された。もともとは佐賀藩の側から鹿島鍋島家へ提案された縁組だが、形式上は鹿島鍋島家より願い出たかたちとなった。

鹿島鍋島家は、佐賀藩初代藩主鍋島勝茂《かつしげ》の弟忠茂《ただしげ》が藤津《ふじつ》郡で領地を得、居所を鹿島に定めたことから始まる。忠茂は二代将軍徳川秀忠《ひでただ》に御側小姓として仕え、下総国矢作《やはぎ》（千葉県香取市）に馬飼料として五〇〇〇石を得た。忠茂の子正茂《まさしげ》には子がなかったため、勝茂の九男直朝《なおとも》を養子に迎えた。しかしその後、正茂に実子（正恭）が誕生したことなどが原因で正茂と勝茂の関係が悪化し、結果正茂は鹿島の領地を返上して佐賀藩を去り、矢作五〇〇〇石を領する旗本となった。鹿島の領地は直朝が引き継いだ。こうした経緯から、鹿島鍋島家の当主を数えるさい、初代を忠茂にすることもあるが、本書では直朝を初代とする。

「三家」

鹿島鍋島家は小城《おぎ》鍋島家（初代は勝茂の長男元茂《もとしげ》）、蓮池《はすのいけ》鍋島家（同五男直澄《なおずみ》）とともに、佐賀藩では「三家」という家格に位置づけられた。「三家」の初代当主は全員人質として江戸に送られ、その滞在費などまかなうために藩内で領地が与

蓮池鍋島家館跡（佐賀市蓮池町城内）

えられた。「三家」の領地は佐賀藩主から与えられたものであり、「三家」はあくまで佐賀藩の家臣である。しかし一方で、正式に官位を与えられ（小城鍋島家の当主は紀伊守か加賀守、蓮池は甲斐守か摂津守、鹿島は備前守か和泉守）、初代当主が人質として江戸に常駐した経緯から参勤交代を行い、さらには幕府の課役をつとめるようになった。将軍への御目見えも認められるなど、ふつうの大名と同じ待遇であった。そのため現在、「小城藩」「蓮池藩」「鹿島藩」と、「藩」をつけて呼ぶことも多い。

鹿島鍋島家の養子となり、将来同家を継ぐということは、直凞は大名になることを意味した。しかし一方で、鹿島鍋島家の養子になったからには、佐賀藩の家臣のひとりになった。直凞は大名と佐賀藩家臣、ふたつの顔を持つことになった。

直郷の隠居

宝暦一〇年、佐賀藩六代藩主宗教は隠居し、重茂が七代藩主の座に就いた。同年八月、養父直郷の希望により、直凞の「前髪」の儀式が執り行われることになった。もともと武家の子どもは前髪を伸ばし、月代《さかやき》（前頭部から頭頂部の髪を剃る）は作っていない。「前髪」は月代を作る儀式であり、元服儀式のひとつである。直凞は重茂の前で「前髪」の儀式を行うこととなり、重茂もハサミを入れた。さらに直郷は翌年の参府（参勤交代で江戸へ赴くこと）に直凞を同行させようと考えたが、費用不足のため断念した。元服を済ませた直澂を、自身の後継者として将軍などに披露しようと考えたのだろう。なお同年一〇月五日、重茂に待望の男子が誕生し、源丸と名付けられた。

宝暦一二年一〇月一三日、鹿島鍋島家の聞番《ききばん》(佐賀藩と鹿島鍋島家の連絡役、小城・蓮池鍋島家にも聞番がいた)北御門《きたみかど》八兵衛は直澂のもとを訪れ、直郷は病気を理由に隠居するつもりだと伝えた。直郷はすでに鹿島にて、家臣たちにその意を表明していた。これに対し直澂は、急に隠居=直澂の家督相続といわれても、「諸事不案内」(鹿島鍋島家当主としてのつとめに疎い、ということだろう)で途方に暮れる思いだ。ぜひとも一度直郷とともに江戸へ参勤し、将軍・諸大名などへお引き回しをお願いしたいと答えた。しかし直郷は、自身の隠居はすでに決めたことだと取り合わなかった。翌日直郷は、佐賀藩へ隠居願いを提出した。

このとき提出された願書は「口上覚《こうじょうおぼえ》」と題された表向きのもののほか、「手覚《ておぼえ》」と題されたものがあった。「口上覚」はあくまで直郷の病気を理由とし、江戸への参勤を延期し続けている状況を訴えている。一方「手覚」では、参勤を延期している理由の「第一」として「勝手向《かってむき》」の「差支《さしつかえ》」、すなわち鹿島鍋島家の財政難を挙げ、病気にはわずかしか触れていない。

この二通には、「大殿」宗教と直澂が目をとおした(藩主重茂は在府中)。その後直澂は、鹿島鍋島家の家老田中正左衛門へ「手覚書」を渡した。直郷隠居の理由が財政難であるならば、直煕から宗教と重茂に（おそらく財政的支援を）願い出るので、隠居はいったん思いとどまるよう訴える内容だった。しかしこのときも、参勤を延期し続けていること、すでに鹿島鍋島家中には隠居を宣言したことを理由に、直郷は聞きいれなかった。宗教も直郷へ翻意を促したが、直郷の意志は変わらなかった。

大名 直煕

続いて直郷は江戸の重茂に対し、自身の隠居と直煕の家督相続を願い出た。宝暦一三年二月に重茂はこれを認め、翌年春に幕府へ隠居願いを提出することに決した。それにあわせ、直煕は急きょ参府することになった。

ここで問題となったのは、直煕の参府費用だった。鹿島鍋島家は、直煕の参勤費用と江戸屋敷の修理費用をあわせ、銀一二〇貫目ほど必要だと見積もった。同家はそのうち五〇貫目ほどしか準備できないため、残額の支援を佐賀藩に求めた。しかし佐賀藩は財政難を理由にこれを拒否し、結局直煕の参勤は延期された。

佐賀藩財政は、年貢が入る一〇月から翌年の九月を一年度としていた。このときは宝暦一二年一〇月からの年度となり（今後、一〇月時点での年にもとづき、例えばこの場合は「宝暦一二年度」とする）、財政収支帳簿が伝存している。[2] それによると、宝暦一二年度の収支（借金の借入・返済をのぞく）は銀一一〇〇貫目ほ

（2）「御物成并銀御遣方大目安」（鍋島家文庫三四一－四、五、九、一〇、二五～二九、三九～四八）。財政関係の数字について特に典拠を示していない場合、本史料に拠る。

どの赤字だった。現代なら十数億円といったところだろうか。また宝暦一〇年度（一一年度の帳簿は伝存せず）も銀三〇〇〇貫目ほどの赤字であり、この頃の佐賀藩財政に、鹿島鍋島家を支援する余裕はなかったようだ。

同年二月二七日、重茂は老中松平武元《たけちか》へ、直郷の隠居および直凞の家督相続にかかる願書を提出し、三月九日に許可された。鹿島鍋島家へは四月に入って正式に伝えられ、直凞は同家の当主として大名になった（形式的にはまだだが、事実上この時点で大名になったと考えたい）。しかし鹿島鍋島家および佐賀藩の財政難により一度も江戸に参勤せず、将軍や幕閣、諸大名へのお披露目もないままだった。当主の急死などの事情があれば別だが、何年も前に跡継ぎとして養子となったにもかかわらずこうした事態となったのは、異例ではないだろうか。大名としての直凞は、前途多難なスタートとなった。

重茂と直淵

佐賀藩七代藩主　鍋島重茂

重茂《しげもち》は、享保一八年（一七三三）江戸で生まれた(1)。父は五代藩主宗茂《むねしげ》、母はその正室貞姫である。元文三年（一七三八）、重茂六歳のとき父が隠居し、兄宗教《むねのり》が六代藩主の座についた。宗教は享保三年生まれ、このとき二一歳だった。

その一一年後の寛延二年（一七四九）、子がいない宗教は重茂を跡継ぎとした。同年元服し、従四位下上総介のほか将軍家重《いえしげ》の一字を与えられ、「上総介重茂」となった（宝暦元年［一七五一］より信濃守）。宝暦一〇年一一月三日、江戸に到着した宗教は病気を理由に隠居を宣言し、七代藩主の座に重茂が就くこととなった。

財政難

翌年藩主として初めての帰国を控えた重茂を、いきなり難題が襲った。宝暦一一年一月八日、帰国の費用が準備できないため、家老鍋島茂興を京都・大坂へ派遣した。現地の商人から、何とか借金しようと考えたようだ。このときは江戸で

（1）重茂の事跡や政治については、重茂の年譜（『佐賀県近世史料』第一編第四巻、一九九六年）に拠る。

（2）佐賀藩政の中心部局。そのトップが筆頭家老である請役。

佐賀城内を流れる多布施川（佐賀県庁南西側）

借金のめどがつき、二月二三日江戸を発ち、三月二九日佐賀城へ入った。

四月二三日、重茂は佐賀藩の財政をつかさどる御蔵方《おくらかた》より、財政難の説明を受けた。そして五月三日には重臣・重役たちを召集し、財政難を改善するため自ら倹約に励むことを告げ、財政支出削減の意見を遠慮なく提出するよう求めた。さらに同月一四日には藩政の役人たちを集め、やはり意見を求めた。同日鍋島茂與ら重臣たちが重茂と対面し、「御私」すなわち重茂（および藩主家の人びと）にかかる支出の削減を求めている。

同月二四日には請役所《うけやくしょ》(2)より重茂の倹約プランが提示され、重茂はこれを受け入れている。祝い事を質素にするとか能を催す回数を減らすなど、さまざまなことに言及されているが、重茂から申し出たこととして、水のことがある。藩主などが使う水は、どうやら特別に準備された（具体的には不明）ものだったらしい。しかし重茂はこれを廃し、佐賀城内を流れる川の水で済ませることになった（雨などで川の水が濁った場合は、別途準備されたようだ）。さほど支出が減るわけではないだろうが、財政難に立ち向かおうとする重茂の決意がうかがえる。

佐賀藩の財政難は徐々に悪化してきたものと考えられ、なかなか特効薬はない。さらに隠居宗教の隠居料が八〇〇〇石と定められ、これも負担となった。八〇〇〇石は佐賀藩の年貢収入の、およそ一割にあたる。

直憲の参府

直憲《なおひろ》が鹿島《かしま》鍋島家を相続する直前、参府費用の支援を佐賀藩に願い出、拒否されたことは前述した。相続してから二カ月後の宝暦一三年六月、鹿島鍋島家は再度佐賀藩に支援を願い出た。大名になった直憲が一度も参府していないのはさすがにまずいと佐賀藩も考えたようで、まず銀五〇貫目、年貢が入る秋に追加で二〇貫目を支援することとなった。

参府の前に、直憲はまず鹿島へ引っ越した。直憲は養子に入ったあとも佐賀城三の丸に住み続け、鹿島へは時々訪れる程度だった。引っ越しを済ませて鹿島で直郷《なおさと》らとの対面を果たしたのち、ただちに参府の準備に入り、七月一八日、江戸へ向けて鹿島を発った。一一月一六日、初めて江戸城に登城し、老中との面会を果たした。さらに一二月一日には、将軍徳川家治《いえはる》に御目見えした。同月一八日従五位下和泉守に任じられ、名実ともに大名となった。

兄の配慮？

明和元年（一七六四）九月一〇日、直憲は佐賀藩の年寄に対し、一通の願書を提出した。なかなか意味が取りにくい文書だが、要約すれば懸硯方《かけすずりかた》からの資金借入を願い出ているようだ。佐賀藩の機構は、藩政をつかさどる「外向《そとむき》」と、大名鍋島家にかんすることや軍事面を管轄する「側《そば》」に分かれていた。「外向」の財政が一般的にいわれる「藩財政」であり、「側」の財政が懸硯方だった。年寄は、「側」のトップである。「側」財政の支出内容は判然としないが、基本的には「御家の危機」に備えたものといえるだろう。

この願い出に対し、佐賀藩は「御手元」からお金を出すと回答した。「御手元」とは、藩主重茂のポケットマネーを指している。いわゆる「藩財政」（「外向」の財政）と分離されているとはいえ、懸硯方のお金も広い意味で佐賀藩の公的なものである。おそらくは年寄など「側」の役人たちが直澂／鹿島鍋島家への貸付に難色を示し、かわりに重茂が自腹を切ったと考えられる（返済の必要については不明）。

さらに明和三年二月一三日、佐賀藩年寄から鹿島鍋島家の家老にあてた通達によれば、鹿島鍋島家は前年の冬、財政難を理由に佐賀藩請役所へ「取替」を願い出た。「取替」は、今の言葉にすれば「立て替え」の意味で使われることが多く、要するに借金の申し出である。

しかし佐賀藩は自分たちも財政難であるとして、何とか自力で頑張れと回答した。ところがこの話を隠居の宗教および藩主重茂が聞きつけ、再検討するよう指示した。

このふたりから命じられた以上、佐賀藩請役所は何とか対応しなければならない。しかし財政に余裕はないため、直澂の江戸滞在時の「兵粮銀《ひょうろうぎん》」（兵粮＝食糧にかぎらず、直滉にかかる支出全般を指すのだろう）を担保にして、金一〇〇〇両を貸すことになった。「兵粮銀」の額は不明だが、参勤のたび佐賀藩から支給されれていたようだ。一〇〇〇両返さなければ、「兵粮銀」を支給しないということらしい。この一〇〇〇両は、佐賀藩が大坂で借金して鹿島鍋島家へ貸すことになった。請役所は、手元に資金がないためと説明している。一〇〇〇両では鹿島鍋島家が求めた額には足りなかったようだが、請役所はやはり財政難であること、さらには鹿島鍋島家と同じ「三家」の小城《おぎ》・蓮池《はすのいけ》鍋島家とのバランスを考えて、これ以上は出せないと主張した。鹿島鍋島家に手厚く援助すれば、小城・蓮池も同様の援助を求めてくると危惧したのだろう。

最終的に、ここでもやはり「御手元」より、金五〇〇両が直滉への「合力」として渡された。「合力」は借金ではなく、純粋な援助と考えられる。この通達の差出人が年寄なのは、「御手元」からの「合力」を重茂が決断し、側近である年寄へ対応が指示されたのだろう。

同年八月二四日には、直滉が彼一代限り佐賀藩より毎年受け取ることになっていた米三〇〇石について、これも重茂の肝いりで四〇〇石とされた。さらに宗教も、このとき直滉へ金一〇〇両渡している。

このように重茂（および隠居の宗教）は、直滉に対し特別な配慮をみせていた。兄弟の愛情か、藩主家出身者に恥をかかせられないという体面か。いずれにしろ、直澂は藩主および前藩主の弟として、小城・蓮池鍋島家以上の支援を得ることができていたようだ。

重茂の後継者となる

直澂が鹿島へ引っ越す前日の宝暦一三年六月二五日、佐賀の重茂のもとへ、息子源丸が病気にかかり、「御太切の御容体」（重症、重態の意とみられる）であるとの報が江戸よりもたらされた。実はこの知らせが届く前の一三日（一二日とも）、源丸はすでに亡くなっていた。重茂にはほかに子がなく、彼の後継者は不在となった。

ただこのとき重茂は三一歳で、子どもを授かる可能性は充分にあった。翌年には、女の子（鶴）が生まれている。後継者を心配することは、まだなかっただろう。ところが明和五年、重茂は九月二六日に江戸へ向けて佐賀を発つ予定だったが、「御痛所」のため一カ月延期された。さらに道中でもたびたび「御痛所」が生じ、江戸に到着したのは一二月一八日だった。明和三年の参府のときは九月二七日に出発、一一月六日に江戸に到着しており、およそひと月以上遅れたことになる。

翌明和六年正月二日、重茂は江戸城に登城したが、事前に「痔疾」を理由として、杖の使用許可を求めていた。さらに同年三月には、やはり「御痛所」のため帰国の延期を幕府に願い出た。四月一一日に何とか江戸を発したが旅程はたびたび滞り、佐賀に着いたのは九月一九日だった。重茂の病状を「浮腫」としている資料もあり、寝たきりの日も多かったようだ。

この間直凞は、重茂の代理として老中への挨拶回り（重茂の江戸到着報告）、また翌年三月に重茂の帰国が認められたさいも、御礼の挨拶回りをつとめた。さらにこの年佐賀藩は長崎警備の当番（福岡藩と一年交替）だったため、直凞は重茂の名代として帰国し（六月一一日に鹿島に帰着）、七月八日より長崎に赴いている。

この頃の重茂の病状が生死にかかわるような状況だったのか、筆者にはわからない。しかし帰国に五カ月もかかれば費用もかさむし、何より藩政や幕府へのつとめに支障が生じる。翌明和七年に至っても、重茂は「浮腫」に悩まされ続けた。同年五月末頃から発症したようで、「御大病の発端」と資料に記されている。同年六月二三日の記録には、「御食事三ヶ一、御小用十部一」とある。食事量が三分の一になり、尿（御小用）が出にくくなっているということだろうか。同二七日には宗教が重茂のもとに赴いたが、面会できなかった。

同年閏六月一〇日、重茂は亡くなった。同日付で、重茂より鹿島の直郷へ「御家続」にかんする「封の御書付」が渡された（「封」とは後継者指名のことを指すようだ）。それによれば、重茂は二年前、小城鍋島家当主直愈《なおます》を養子にすると決めていた。しかしいまだ「幼年」のため、急きょ直凞を養子とするという。伊三郎直愈は宝暦六年生まれ、同一四年に父直員《なおかず》が隠居したため九歳で小城鍋島家の当主となった。

重茂の病状は二、三日前から悪化していたようで、重茂が自分の考えを話せる状態だったかは分からない。重茂の死が近づくなか、重臣たちが決めた可能性はないだろうか。このとき直愈は一五歳、筆者が「幼年」から抱くイメージとはズレを感じる。重茂の代理を無事につとめてきた直凞を後継者に、という空気が重茂や佐賀藩重臣のあいだで広がり、直愈を外したのかもしれない。

重茂の死の当日、江戸へ使者が派遣され、幕府への直凞養子の願書を託した。直凞は六月二六日江戸へ向けて鹿島を発っており、重茂の訃報に大坂で接している。七月二日江戸に着き、鹿島鍋島家の屋敷ではなく佐賀藩の上屋敷に入った。鹿島鍋島家は、直愈の弟直宜《なおよし》が継ぐこととなった。

直凞の養父直郷は、わずか数年ながら親子であった直凞へ和歌二首を贈っている。その一首は、直凞が佐賀藩主になったことの喜びを詠んだもののようだ。

嬉しさはつゝむにあまる唐錦きて　国ふりの栄をぞ見る

しかしもう一通は、親子の縁が切れる寂しさを詠んでいるのだろうか。

よるの鶴のたくひとそなるわか身かな　ひとつ沢辺にたちそわつらふ

佐賀藩主　鍋島治茂

鍋島肥前守治茂

明和七年（一七七〇）一〇月二七日、直熙《なおひろ》は老中へ肥前守への「改名」を願い出、受理された。さらに同年一一月七日には将軍徳川家治より「治」の一字を賜り、諱《いみな》を「治茂《はるしげ》」に改めた。以降本書では、「治茂」と表記する。

なお佐賀藩主は、初代勝茂《かつしげ》が信濃守、二代光茂《みつしげ》が丹後守に叙され、以降奇数代の藩主が信濃守、偶数代が丹後守を用いてきた。しかし治茂の場合、六代藩主宗教《むねのり》がまだ存命で丹後守を用いており、今までどおりにはできなかった。老中への願い出には肥前守を「先祖之名」としているが、確認できる限り鍋島家では、二代藩主光茂の父で藩主に就く前に亡くなった忠直《ただなお》が肥前守を用いた程度だった。なぜ肥前守を選んだのか理由はわからないが、以後代々、佐賀藩主は肥前守を用いるようになった。

重茂期の藩財政

藩主に就任した治茂が取り組むべき藩政課題は、やはり財政難だった。まずは重茂《しげもち》の頃の藩財政について、財政帳簿をもとに説明したい。重茂が藩主に就任した宝暦一〇年（一七六〇）年度の財政収支（借金の借入・返済をのぞく）は、銀三〇三五貫目の赤字となっている。米に換算すると五万石ほどだろうか。佐賀藩の年貢収入はおおよそ八～九万石ほどなので、大変な赤字といえるだろう。

ただ、この年の財政帳簿で面白いのは、借金返済には銀七〇四二貫目をあてているのに対し、借入は銀一万九〇八一貫目と、返済額をはるかに上回っていた点である。結果赤字額を差し引いても銀九〇〇四貫目が、帳簿上は繰越金として処理された。

前にも触れたが、宝暦一一年一月（宝暦一〇年度に含まれる）に重茂が佐賀へ帰国しようとしたさい、帰国費用の調達が問題となったものの、何とか借金で間に合わせていた。赤字を借金で補塡していたと考えると財政状況は悪く思えるが、多額のお金を借りることが「できた」ことを重視すると、江戸や上方の銀主《ぎんしゅ》（貸主）との関係が安定し、融資を得やすい状況にあったとも解釈できる。

「家質借」をめぐる紛争

宝暦一〇年度の借金から、当時の佐賀藩は銀主との関係が安定していた可能性を見いだした。しかし宝暦期の佐賀藩は、おもに上方の銀主との関係に悩まされていた。宝暦四年、佐賀藩の「名代」溝口善左衛門が、鎰屋《かぎや》与兵衛に訴えられた[1]（訴え先は大坂町奉行所）。佐賀藩に限らず多くの藩が大坂に蔵屋敷を構えて役人が駐在し、国元から運んだ米や産物を売却したり、銀主との交渉にあたったりしていた。ただ蔵屋敷の土地家屋について、表向きの所有者は町人を立てるのがほとんどの藩の慣例だった[2]。

鎰屋は佐賀藩に対し、宝暦二年一月に蔵屋敷を担保として銀七〇〇貫目を貸していた。このように、蔵屋敷を担保として藩が借金することを「家質借《かじちがり》」と呼んだ。家質借は佐賀藩だけでなく、多くの藩が行っていた。ふつうの借金とは違い蔵屋敷という担保があるので、利率が低く設定されたそうだ。

もともとは京都の鎰屋半右衛門（与兵衛の主人筋とみられる）が数十年前に佐賀藩に銀三〇〇貫目を貸し付け、利息の未払いがたまって合計七〇〇貫目になった。それを宝暦二年に至り、鎰屋与兵衛名義で新たに貸借契約を結んだ（利息は月〇・五％）。しかし、やはり元本の返済どころか利払いすら滞り、鎰屋は名目上蔵屋敷の所有者である溝口を訴えたのである。借金は元利あわせ、銀七八九貫目に膨らんでいた。

このような訴えが銀主から出された場合、大坂町奉行所など幕府サイドは基本的に「内済《ないさい》」（示談）で済ませる。このときも町奉行所与力やほかの商人などが仲

（1）「家質公訴内済記録」（大阪商業大学商業史博物館編集・発行『蔵屋敷Ⅰ』、二〇〇〇年）。
（2）大坂が幕府の直轄地だったためとか、商業を賤視したためなどといわれている。

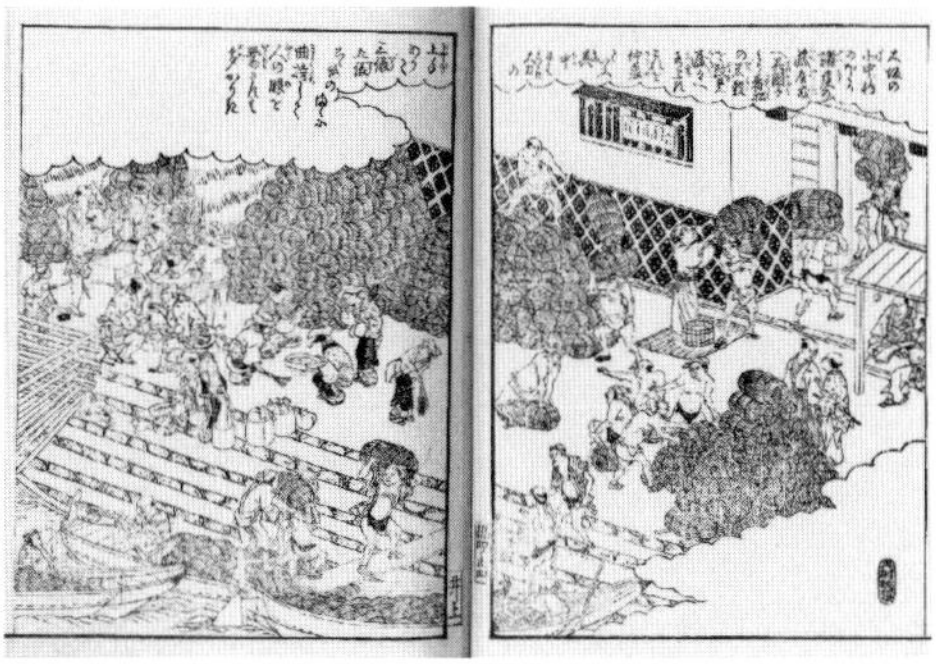

『摂津名所図会』（大阪市立中央図書館所蔵、同館デジタルアーカイブより）に描かれた蔵屋敷。多数の米俵が積み上げられている

佐賀藩大坂蔵屋敷跡（現在の大阪高等裁判所）にある碑

介して示談がすすめられ、最終的には元銀七〇〇貫目のうち一〇〇貫目を佐賀藩が即時返済し、残り六〇〇貫目は以前と同じ利率で再契約することになった。面白いのは、宝暦二年以降支払いが滞っていた利息分銀八九貫目が、どうやら除かれていることである。銀一〇〇貫目をすぐに返済する代わり、鎰屋も八九貫目を諦めさせられたようだ。佐賀藩にとって、有利な条件の示談といえるだろう。

宝暦六年にも、佐賀藩は別の銀主から訴えられた(3)。このときは元銀一〇〇貫目、利息四五貫目の支払いを求められたが、やはり示談によって利息分は帳消しになり、一〇〇貫目のみ無利息一〇年ローンで返済することになった。

(3)「万屋岩崎公訴内済記録」（大阪商業大学商業史博物館編集・発行『蔵屋敷Ⅱ』、二〇〇一年）。

家臣の負担

こうしてみると佐賀藩は訴えられつつも、結局は有利な条件での示談を勝ち取っている。銀主からすれば、不利な条件をのんでも佐賀藩との取引を継続することが望ましいと判断したのだろう。こうした佐賀藩と銀主との力関係があるからこそ、宝暦一〇年度に多額の借金を調達できたと考えられる。

必要以上の借金が可能で、返済で揉めてもその都度有利な条件に持ち込む。佐賀藩の財政運営にとって、とてもよい状態である。しかし前述のとおり重茂は財政難に悩まされ、自身の倹約など支出削減を打ち出していた。重茂の発案というより、重臣・役人たちに迫られての対応だった。

この背景には、家臣に課せられた献米があると考えられる。献米とは、家臣たちが自分の領地から得る年貢、もしくは藩から支給される給与のうち、いくらかを藩に上納するものである。上納高は家臣の知行高（おおよそ、給与額と考えていただきたい）に応じて設定され、宝暦一〇年度では合計二万五八三〇石、銀に換算すると一三〇〇貫ほど（収入の二割）であった。宝暦一二年度は一万六四四一石まで減少したものの、[4]治茂が藩主に就く明和六年度[5]まで二万六〇〇〇石〜三万石ほどで推移していた。佐賀藩財政は、家臣から徴収する献米を固定収入に組み込むことで成り立っていた。重臣・役人たちからすれば、できれば献米を少しでも減らしたかっただろう。

（4）残念ながら宝暦一一年度、同一三年度の財政帳簿「御物成幷銀御遣方大目安」は現存していない。
（5）治茂が藩主に就いた明和七年（一七七〇）閏六月は、佐賀藩の財政会計年度では明和六年度になる。

治茂の初仕事

管見の限り、治茂が最初にかかわった財政関係の政策は、この献米だった。明和七年八月、家臣たちの献米比率が決定されている。家臣たちは知行高により六つの階層に分けられ、もっとも上の階層である重臣たちの場合、何らかの役に就いていれば知行高の二五％、無役であれば三〇％を藩に上納するよう定められた。以下おおよそ、階層がひとつ下がるごとに比率は半減程度となっている（上からふたつめの階層なら、役付きは一二・五％、無役は一七・五％）。

非常に厳しい施策に感じるが、じつはこのとき、献米の比率は軽減されていた。

この比率が適用された明和七年度の献米は二万六七七石となっており、それまでの水準からするとかなり低く抑えられた。治茂の財政政策は、家臣の負担緩和からスタートした。この施策は治茂の意志というより、重臣たちからの提案を受け入れて実現したものである。ただ翌明和八年八月、この秋の献米実施の提案を受けた治茂は、その比率を何とか下げられないか尋ねており、家臣たちの負担を軽減したいと考えていたようだ。しかし財政状況が許さないと反論され、認めざるを得なかった。

三家の財政難

これも明和七年七月、小城《おぎ》・蓮池《はすのいけ》・鹿島《かしま》鍋島の「三家」の家老より佐賀藩へ願書が提出され、治茂のもとには八月に届いた。三家の財政難、特に幕府から命じられる課役の負担が大きいと訴え、佐賀藩の支援を願い出ている。藩主に就いたばかりの治茂に対し、あらかじめ実情を知らせておいたとも考えられる。そもそも治茂自身、藩主になる前は鹿島鍋島家の当主であり、三家の内情は理解していただろう。

この時期三家が担当した課役の一例として、明和七年小城鍋島家の仙洞御所《せんとうごしょ》（上皇・法皇のすまい）普請《ぶしん》を紹介したい。[6] この課役は同年一月二六日に幕府より小城鍋島家へ通知されたが、二月一二日同家の当役（筆頭家老）水町典膳《みずまちてんぜん》が家中へ

（6）仙洞御所普請にかんする記述は、「小城藩日記」（佐賀大学附属図書館所蔵小城鍋島文庫）に拠る。

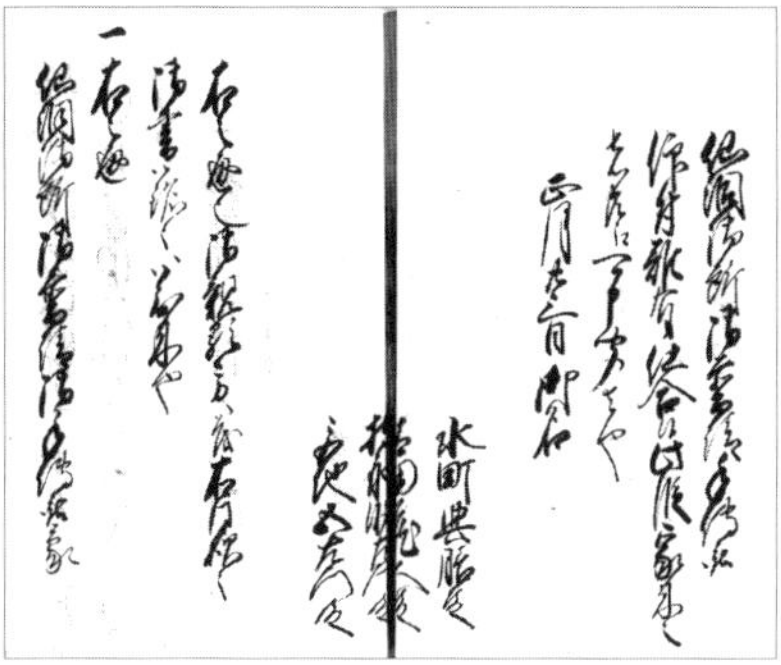

仙洞御所普請が命じられたことを重臣に知らせる小城鍋島家当主の通知写（佐賀大学附属図書館所蔵「小城藩日記」）

発した通達は、課役の費用調達が難しいため、よい考えがあれば遠慮なく申し出るよう呼びかけていた。翌日には長崎へ役人を派遣し、金策にあたらせている。ほかにも隠居していた前当主直員《なおかず》付の役人をリストラしたり、富裕者からの献金を集めたりするなど、さまざまな手段をとった。さらには同家の家臣、および同家知行地の領民たちに臨時税を賦課した。

　こうした小城鍋島家の取り組みだけでは費用を工面できず、二月二八日、直員が小城から佐賀へ出向き、佐賀藩の年寄へ資金援助を願い出た。前述のとおり年寄は佐賀藩の「側」の重役なので、小城鍋島家は佐賀藩の藩政ルートではなく、直接治茂へ願いが届くような手段を選択したことになる。その甲斐があったのか、三月一三日には金一〇〇〇両の支援が佐賀藩より同家へ知らされた。その後も同家は資金調達につとめ、六月には「御数寄方諸道具」を大坂に運び、売り払っている。「御数寄方諸道具」とは、歴代当主が収集した茶器などを指すのだろう。しかしそれでも小城鍋島家だけではどうにもできず、一二月には佐賀藩よりさらに二〇〇〇両を得た（当初小城鍋島家は合計八〇〇〇両を求めていた）。三家筆頭で、もっとも知行高が大きい小城鍋島家でも、自力での幕府課役の遂行は困難な状況だったのである。

「広重画帳」（国立国会図書館所蔵、同館デジタルコレクションより）に描かれた佐賀藩上屋敷

借金の交渉

重茂の頃、佐賀藩は京都や大坂での借金について、有利な状況にあったと述べた。ただ明和元年度には借入・返済とも銀二万貫目を超え、同五年度には三万五〇〇〇貫目ほどに達していた。その後同八年度までは、二万五〇〇〇貫目前後で推移している。佐賀藩の毎年度の借入・返済額は基本的には同じような額であり、宝暦一〇年度のようなケースはまれだった。

安永元年（明和九年、一七七二）三月、重臣のひとり鍋島茂真が、借金の「御取鎮」のため大坂へ派遣された。「御取鎮」は、借金の返済をめぐり銀主の不満が高まり、それを抑えることを意味する。膨らんだ借金が、佐賀藩と銀主のあいだに摩擦を起こしていたようだ。茂真の交渉はうまくいかず、翌月には新たに石川清九郎が派遣された。

江戸屋敷の焼失

このとき茂真は、「御取鎮」だけでなく新たな借金調達も使命としていた。同年二月二九日に発生した江戸の大火により、佐賀藩の上屋敷・中屋敷が焼失した。茂真はその建築費用のうち金三万両を調達しようとしたが、銀主たちは明確な返済のあてがなければ引き受けられないと答えた。そのため佐賀藩は、家臣から徴収する献米一万五〇〇〇石を返済にあてることにした。献米は、治茂が藩主に就

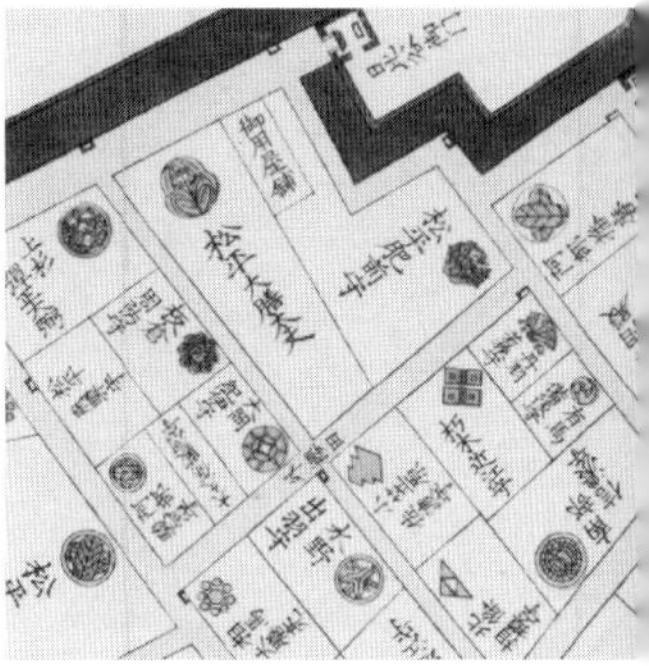

佐賀藩上屋敷があったところに「松平肥前守」と書かれている（国立国会図書館所蔵「外桜田永田町絵図」、同館デジタルコレクションより）

■表1 明和7年・安永元年献米比率（%）

階層	明和7年	安永元年
重臣（無役）	30	45
重臣（役付き）	25	35
200石以上（無役）	17.5	33.33
200石以上（役付き）	12.5	23.33
100石以上（無役）	12.25	21.66
100石以上（役付き）	6.25	11.66
50石以上（無役）	8.13	15.83

く直前の明和六年度が約二万七〇〇〇石、藩主に就いた七年度は軽減され約二万石だったが、翌八年度は約二万八〇〇〇石ほどに増加していた。さらにこの安永元年度には約三万石となっている。一万五〇〇〇石がまるまる追加されたわけではないが、家臣の負担が増えていったのは間違いない。安永元年度の献米比率は、明和七年度と比較して各階層で上昇した（表1）。

借金の「御断」

同年九月、大坂での資金調達の責任者である大坂銀方《ぎんかた》が、岩瀬源吾左衛門から石井左内に交代した。借金を「御断」するためには、これまで大坂銀方をつとめていた岩瀬のままではうまくいかないとの判断だった。

「御断」とは、借金の返済を中断する、もしくは踏み倒すことを意味する。「御断」という大きな事案を石井左内ひとりに任せるのは難しいと佐賀藩は考え、岩松源吾も大坂銀方に任命した。さらに岩松がもうひとり必要だと主張し、深江武兵衛も大坂へ派遣されることになった。このときの記録には「御借銀取鎮且又御当借」とあり、一方では借金の「取鎮」＝「御断」をはかりつつ、一方では新たな借金（「御当借」）をするという、難しい仕事だったことがわかる。

この人事で注目したいのは、石井左内は家の当主ではない部屋住みの立場だったことである。佐賀藩では部屋住みの者が役についたとしても、その役の会計にかかわる帳簿の責任者にはなれなかった。帳簿に不審な点があって藩に損失が生じた場合、その責任者に穴埋めさせることがあったようだ。部屋住みだと、自身の家の知行・扶持米《ふち》(給与)や財産を使えない。しかし左内以外に適役はいないとし(「外に人柄有り兼ね候」)、急きょ左内にも扶持米を与えることになった。左内に銀主と渡り合う才があったのか、あったとしてそれをどのように見いだしたのか不明だが、いずれにしろ適任者を抜擢し、難局にあたろうとしていたことがわかる。

「御断」の内容

それでは「御断」とは、どのような内容だったのか。同年一一月一〇日付の治茂への上申(治茂はこれを承認)によれば、「御旧借」をすべて五年間返済停止にしようとしていた。「御旧借」は、借り入れてから一定期間経った借金を意味する。近年の借金は該当しないとしても、かなりの額だっただろう。

佐賀藩は京都・大坂の借金だけでなく、長崎での「古借」についても五年間の返済停止をもくろんだ。このときの長崎での借金総額は、銀二六三〇貫目余だったとされている。そのうち「古借」がどれほどか不明だが、長崎は佐賀藩にとって長崎警備をつとめる大事な土地だったため、騒動に発展することを恐れた。そのため長崎の銀主のひとりである村山久平治を頼り、同地の借金について「取鎮」

を任せることにした。ほかにも豊後日田（幕府領で、幕府の公金を運用する商人がいた）の借金も「御断」をはかり、種初弥次右衛門を同地へ派遣している。

「御借銀方」のメンバー

この頃の佐賀藩には、「御借銀方」という部署があった。文字どおり借金を管理する部署だが、治茂が藩主に就くまではろくに帳簿もないような状況だったようだ。「御断」をすすめる頃、「御借銀方」のメンバーが拡充された。確認できる限り、メンバーはすべてほかの役所との兼任だったが、大坂銀方に任命された岩松源吾や石井左内、彼らとともに大坂へ派遣された深江武兵衛、日田へ派遣された種初弥次右衛門もいた。

御借銀方と長崎御仕組方を兼任することになった、米倉権兵衛を紹介したい。米倉は兵法に通じ、藩士に対して講釈していた。もともとは佐賀藩の重臣多久《たく》家の家臣で、宝暦一一年に兵法の才を評価され、佐賀藩に召し出された。さらに長崎御仕組方に配属されており、兵法だけでなく役人としての才も見いだされたのだろう。彼が御借銀方に配属されたのは、石井左内同様適任者と認められたためと考えられ、藩の最重要課題だった借金の整理について、身分や経歴にとらわれず人材を集めていたと考えたい。なお米倉は、その後長崎聞役（長崎での実質的な責任者）として活躍している。

「御断」「取鎮」の成功

安永元年一二月一九日、佐賀藩では長崎の村山久平治、および村山庄右衛門（久平治の一族か）へ扶持（手当）を与えることが協議された。その理由として、久平治に託した借金の「取鎮」がうまくいき、利息だけでなく元本の一部も「差捨」（帳消し）にすることができたほか、年末の返済も「御断」することができたことを挙げている。久平治には五〇人扶持が与えられ、庄右衛門には陶器が下された。

また同年一二月一二日、大坂町奉行所与力の牧野平左衛門・安井新十郎にも扶持が与えられることになった。佐賀藩に限らずどの藩でも、大坂町奉行所の与力・同心と普段からよしみを通じ、例えば商人・銀主と揉めたさいに仲介を依頼し、自分たちに有利な裁定に導いてくれるよう働きかけていた。このときの扶持付与の理由は、「浜方御借銀取鎮」とされている。「浜方」は、大坂に集まる諸藩の米が売買された堂島《どうじま》米市場の米仲買たちを指す。このことから、佐賀藩は堂島の米仲買たちと借金返済をめぐって緊張関係にあり、その解決に町奉行所与力の力を借りたことがわかる。この件が、当時佐賀藩が京都・大坂で抱えていた借金問題のすべてなのか一部なのか不明だが、佐賀藩にとっては大きな前進だっただろう。

「御断」「取鎮」の成果は、財政帳簿からも確認できる。安永元年度（安永元年一〇月〜二年九月）の借金返済額は、前年度の銀二万五五八七貫目から一万九三六貫目に激減した。借入額も銀二万五二九七貫目から一万三一九七貫目に減っており、財政運営上の借金にかんする悩みはひとまず先送りできただろう。

小城鍋島家の有栖川宮接待役

安永三年二月二日、小城鍋島家は、江戸へ下向する有栖川宮織仁《ありすがわのみやおりひと》親王の接待役をつとめることになった。朝廷から江戸へ使者が派遣されたり、皇族や公家が江戸に下向したりするさいは、大名に接待役が命じられた。有名な赤穂浪士の一件も、赤穂藩の浅野内匠頭が天皇の使者の接待役に任命され、その指南役に吉良上野介が任じられたことが発端だった。

同年二月二一日、佐賀藩の江戸留守居嬉野外記《うれしのげき》・志波《しわ》喜左衛門・空閑《くが》惣右衛門は、佐賀の重役たちにあてて書状を送っている。それによれば、有栖川宮の接待役を命じられた小城鍋島家から、支援を求めてきた。現状では、財政難により接待役をつとめられないと幕府へ届け出るしかないという。これに対し嬉野らは、そのような届を出せば幕府の機嫌を損なう可能性が高いため佐賀藩の支援を約束し、届は出さずにつとめを果たすよう勧めた。

続いて嬉野たちは、接待役の費用見積もりを始めた。空閑は飫肥《おび》藩の江戸屋敷に出向き、同藩が以前つとめた伏見宮《ふしみのみや》の接待役にかかった費用を教えてもらった。およそ金六四〇〇両を費やし、うち二〇〇〇両・米四〇石は幕府から援助されたという。嬉野たちは今回の有栖川宮接待役の費用について、伏見宮のケースよりやや多い程度と考えた。ところが小城鍋島家は、九〇〇〇両から一万両かかるとの見積もりをよこしてきた。嬉野たちは見積もりの根拠を小城鍋島家に求めたが、同家はひたすら財政難を唱えるのみだった。

拝借金願いの提出

嬉野たちは小城鍋島家に対し、金一〇〇〇両の支援を表明していた。これに対し小城鍋島家当主鍋島直愈《なおます》は直々に空閑を呼び出し、支援額の積み上げを求めてきた。さらに直愈は、佐賀藩が増額に応じなければ幕府に拝借金を願い出ると表明し、老中などへの根回しを求めた。空閑はこれを拒み、費用の支援について交渉が続けられた。

しかし二月二六日、小城鍋島家は幕府へ拝借金願いを提出してしまった。願書のなかで小城鍋島家は接待費用見積もりを九五〇〇両としており、嬉野たちが疑問視した見積もり額をそのまま幕府へ提示した。そのうえで、七〇〇〇両の拝借を願い出た。

小城鍋島家は、確かにこの頃財政難に苦しんでいた。たとえば当主在府費用の調達を頼んでいた江戸銀主四人に対し、約束していた年貢米の引き渡しを果たせず、あわてて国元で金二〇〇〇両を準備し、急ぎ江戸へ送っている[7]。ただでさえ綱

（7）「小城藩日記」。

渡りのような財政運営をすすめており、接待役どころではなかったようだ。

接待役拝命の知らせは、二月一九日に小城の在国役人たちに届き、早速佐賀藩へ支援を要請した。また同家の家臣たちに知行高一石につき銀一匁の出銀を命じたり、裕福な家臣・領民たちに調達銀（「調達」の場合は、貸借であることが多い）を課したりした。しかしこれだけでは到底費用を準備することはできず、佐賀藩の支援の動きも鈍かったため（佐賀藩自身財政難だったこともあるが、小城鍋島家が出した見積額への不信があったと考えられる）、小城鍋島家は独断で、拝借金願いを提出してしまった。

「差控」処分

小城鍋島家の鍋島直愈は、幕府御先手組《さきてぐみ》の長谷川正直を介し、拝借金願いを老中板倉勝清《かつきよ》へ提出した。しかし板倉はこれを受け取らず、長谷川を通して覚書を直愈へ渡した。そのなかで板倉は、小城鍋島家が幕府の御用に備えていなかったこと、本家である佐賀藩を通さずに拝借金願いを提出したことを強く非難し、いずれ処分を下すと通告した。また小城鍋島家が拝借金願いを提出した二月二六日の夜、幕府若年寄水野忠友《ただとも》は佐賀藩の空閑を呼び出し、小城鍋島家が接待役を無事につとめることができるのか懸念を表明した。これに対し空閑は佐賀藩の協力を約束せざるをえず、小城鍋島家の独断行為によって、佐賀藩も厳しい立場に置かれることとなった。

有栖川宮は三月一日より江戸の青松寺《せいしょう》に滞在し、一三日京都へ戻った。小城鍋島家は何とか接待役を果たしたが、費用として準備できたのは金三五〇両に過ぎず、四一〇〇両を佐賀藩が支援した。ほかに費用額を記した史料が見当たらないため、この合計額がそのすべてだとすると、小城鍋島家の見積もりはあまりにも過大だったことになる（佐賀藩の見積もりに近い）。

翌一四日、治茂と直愈は幕府へ「差控」（謹慎）伺いを提出した。幕府は直愈については拝借金願の不始末を理由に「差控」を命じたが、治茂には分家（小城鍋島家）を正しく指導するよう家臣たちを諭せと命じたのみだった。しかし佐賀藩は、家臣たちが小城鍋島家を指導できなかったのは治茂の責任であること、および直愈に連座すべきとして、治茂の「差控」を再度伺い出た。このときは隠居宗教、蓮池鍋島家当主の常丸、小城鍋島家の隠居直員も「差控」伺いを提出した（後日、鹿島鍋島家当主の守三郎も提出）。彼らの伺いは、治茂および直愈に連座する旨だった。

四月一四日、幕府大目付池田政倫《まさとも》より佐賀藩へ回答が下された。治茂の責任を認め、治茂および宗教（治茂に連座）が「差控」とされた。また常丸・直員は直愈への連座で「差控」となった（治茂・宗教は不問）。守三郎については確認できなかったが、おそらく常丸・直員と同様に「差控」が命じられただろう。ややこしいが、本家のふたりは本家としてのつとめを果たさなかったため、分家の三人は同じく分家の直愈との連帯責任とされ、幕府は本家と分家で責任のあり方を明確にした。

一件の幕引き

同年一〇月二七日、佐賀藩は関係者に処分を下した。小城鍋島家の江戸家老野口文次郎（拝借金願いの責任者とされた）は切腹、同銀方役相原文左衛門、および佐賀藩江戸留守居筆頭の嬉野外記は牢人、同じく江戸留守居の空閑惣右衛門・志波喜左衛門は隠居牢人とされた。ただの「牢人」は家の断絶を意味し、「隠居牢人」は嫡子などに家の相続を許したうえで、本人のみが牢人させられたようだ[8]。後日、小城鍋島家の富岡惣八も牢人処分となった。藩主治茂が「差控」を余儀なくされることになった小城鍋島家の拝借金願いをめぐる一件は、死者を出すまでに至ってしまったのである。

三家の要望

この一件、非は明らかに小城鍋島家にあり、切腹した野口も同家の江戸の責任者として接待役や拝借金願いを主導していた以上、やむを得ない処分だった。ただ三家は、この三年前、佐賀藩に対して次のような要望書を提出していた。

（8）ただし牢人処分が下された場合も、数年後帰参が許されることが多かったようだ。

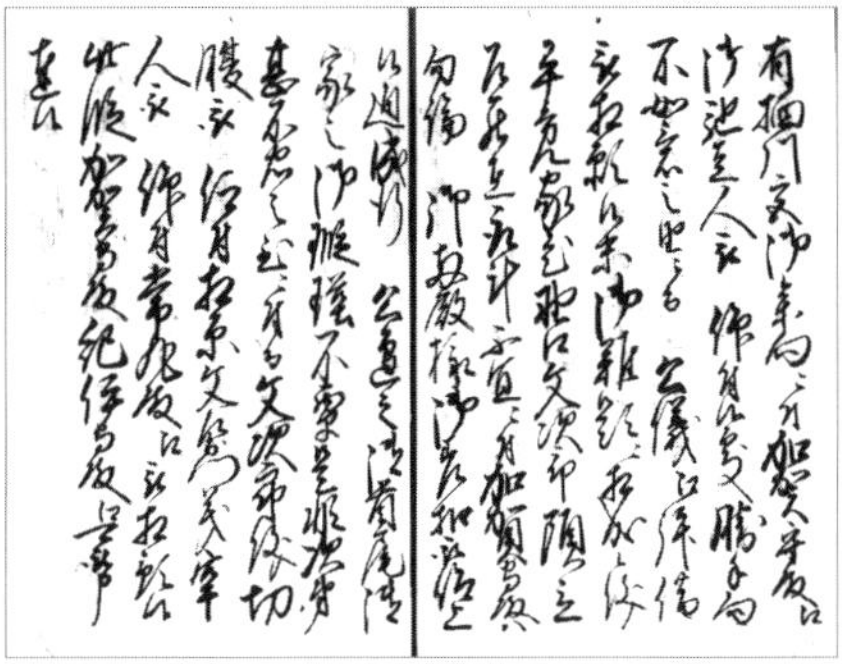
野口文次郎の切腹を命じる佐賀藩の通達（「小城藩日記」）

三家はいずれも自力で幕府の課役を遂行できなくなっており、そのたびに佐賀藩に助けられている。今後は何とか課役を逃れられるよう幕府へ「御手入」が必要であり、佐賀藩からも幕府へ掛け合ってほしいと以前相談したが、その後何の音沙汰もなく、ぜひとも検討してほしい。

このように、三家は自力で幕府課役をつとめることは無理だと表明し、幕府に働きかけ、できるだけ課役を回避できるよう、佐賀藩に助力を求めていたのである。具体的には老中など幕閣への根回し（金品の贈与も含むだろう）を、日常的にすすめておくことと考えられる。

この要望に対し、佐賀藩がどう答えたのかは不明である。ただ安永三年の接待役は小城鍋島家にとって唐突だったらしく、事前の情報収集ができていなかったようである。このことから考えると、幕閣への根回しはさほど行われていなかったのではなかろうか。いずれにしろ、明和八年の時点で三家は自力での幕府課役遂行が無理だと表明していたものの佐賀藩は特に対策をとらず、安永三年の接待役に至ってしまったのである。

宝くじと佐賀藩

安永三年五月、佐賀藩内で催されていた「万人講《まんにんこう》」（宝くじ）について、次のような決定が下された。これまでは、寺院・神社に宝くじの興行権を与えていた（建物の修復費用捻出などが理由)。しかし御用商人たちの願い入れを受け入れて彼らに興行権を与え、寺社による宝くじは禁止した。その代わり、宝くじ一回の興行につき銭六〇貫文か銀一貫目(おおよそ同額)を、今まで宝くじを催していた寺社に配分することになった。江戸時代、宝くじは「富くじ」や「富突《とみつき》」などと呼ばれていた。佐賀藩の史料では、「〇〇講」とされている。

佐賀藩は、なぜ寺社から宝くじの興行権を取り上げ、御用商人に渡したのか。翌安永四年三月にやはり御用商人が佐賀藩へ願い出た内容から、理由をうかがうことができる。このとき佐賀藩は、やはり財政難、具体的には江戸へ送るための現金の確保に悩まされていた。そこで商人たちは、「千人講日くじ」なる新しい宝くじを許可してくれれば、まずは銀一五〇貫目を上納、さらに三年間で一〇〇〇貫目を納めるとアピールし、佐賀藩はこれを受け入れた。万人講のときの史料には明記されていないが、やはり商人たちは上納銀を提示したと考えていいだろう。商人主催の万人講が認められた安永三年五月が含まれる安永二年度の財政帳簿には銀五六貫目が、千人講が認められた同四年三月が含まれる同三年度の財政帳簿には銀一九二貫目が、宝くじからの収入として計上されている。

宝くじについて、治茂は「領民の痛みになるのではないか。宝くじをめぐって悪事を働く者が現れるのではないか。そうなれば、領民にとっては迷惑なことになってしまう」と懸念を示しつつも、財政難ゆえに認めざるをえなかった。宝く

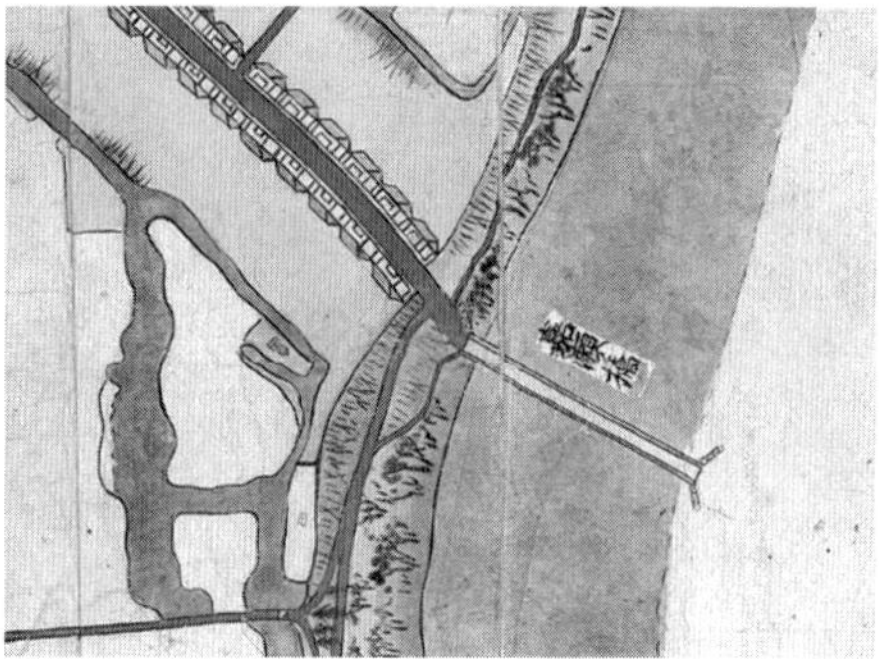

江戸時代の地図に描かれた嘉瀬橋（佐賀県立図書館所蔵「佐嘉郡太俣郷図」、同館データベースより）

じは一攫千金をエサに領民から少しずつお金を徴収するシステムであり、生まれる利益＝領民の損である。また一攫千金の夢は領民の労働意欲を削いだり、宝くじの購入代金や当選金をめぐっていざこざが起こるかもしれない。治茂にとって宝くじは受け入れがたいものだったが、財政状況からやむを得ないと判断したようだ。しかし同年七月には、治茂の命により千人講が停止された。寺社の諸費用捻出を名目とした万人講のみ継続され、安永四年度の財政帳簿には、万人講の利益銀三四貫目が計上されている。

人別銀

千人講が停止された安永四年七月、佐賀藩では財政難を理由に「千貫目講」が計画された。宝くじを銀一〇〇〇貫目分売り出すということなのか、富裕な領民から一〇〇〇貫目を集め、配当金を与えるということなのか、実態はわからない。ただ治茂は、困窮している領民にさらに負担を強いることになると、これを認めなかった。

その代わりに治茂は、人別銀の賦課を命じた。領民への負担という意味では千貫目講と同じようにも思えるが、人別銀は重臣以下家臣たちやその家族にも賦課されることになっており、領民だけに負担を押しつけない、という考え方だろうか。

同年一一月、人別銀の具体案が出された。このとき千貫目講のほか、「嘉瀬川橋懸用人別銀」（嘉瀬川に橋を架ける費用を集めるための人別銀）なども計画されていたが、いずれも中止されて人別銀一本に絞られた。人別銀はこの年から六年賦課し、一年目はひとり銀一匁（現代なら、およそ一～二〇〇〇円ほどか）ずつ、翌年は一カ月につきひとり三分ずつ（年三匁六分ずつ。一匁＝一〇分）、翌々年以降は一カ月につきひとり二分ずつ（年二匁四分、安永七年は閏月があるため年二匁六分ずつ）とされた。

「御代々様宗門分目安人別」という史料[9]には、江戸時代のうち一〇カ年の佐賀藩人口がまとめられている（表2）。安永四年に一番近い年は明和二年だが、男女合計三六万一六〇六人、この数字は領民のみに限られていると考えられ、武士人口（佐賀藩士やその家臣、および彼らの家族）を考慮すると、おおよそ四〇万人ほどだろうか。仮に四〇万人で考えると、一年目は銀四〇〇貫目、二年目は一四四〇貫目、三年目以降は九六〇～一〇四〇貫目となる。数字だけみると、千貫目講とさほど変わらない負担が、家臣や領民にかかるようにも思える。

しかし財政帳簿をみると、安永七年度に銀一一一〇貫目、同八年度に一八三貫目が人別銀の収入として計上されているだけである。安永七年度分の人別銀収入は「安永四年一二月から同五年一二月分」

■表2 佐賀藩人口の推移

年		男		女		合計	
和暦	西暦	人口	比	人口	比	人口	比
延宝4年	1676	190,986	100	116,683	100	307,769	100
元禄12年	1699	217,004	114	137,957	118	355,075	115
享保7年	1722	219,741	115	147,768	127	367,624	119
享保16年	1729	220,497	115	151,342	130	371,954	121
享保19年	1732	165,855	87	126,186	108	292,128	95
宝暦10年	1760	201,114	105	151,550	130	352,769	115
明和2年	1765	205,500	108	155,998	134	361,606	117
寛政3年	1791	201,244	105	160,616	138	361,965	118
文政4年	1821	197,794	104	168,932	145	366,830	119
弘化2年	1845	211,455	111	190,445	163	402,011	131

「比」は延宝4年を100としたときの数値

（9）鍋島家文庫四七一－一二。

とされている。たとえば蓮池鍋島家は、安永四年に領民の困窮を理由として人別銀上納延期を願い出ていた。[10] 結局安永六年には、家臣の献米が続いていること、前年秋が凶作だったこと、米価が高騰していることを理由として、人別銀徴収が中止されている。人別銀のような家臣・領民への負担押しつけは、なかなか計画どおりにはいかなかった。

安永八年一二月、翌年の春に人別銀を廃止することが決定された。隠居宗教の体調が優れないため、領民を苦しめる人別銀を取りやめる、という理屈だった。財政担当役人たちは財政難を理由に反対したが、治茂が押し切っている。領民を苦しめる政策を取りやめることで神仏の加護を頼み、宗教の快復を願うという建前だろうか。

商業への課税強化

佐賀藩では、領内外を出入りする商品に「俵銭」という関税をかけていた。また領内で営業する店などに対しては、「運上《うんじょう》」とよばれる営業税があった。佐賀藩は、こうした商業課税を強化することにした。

まず安永四年五月、俵銭の増額が決定された。ほとんどの商品で、かなりの増額となっている（表3）。金額設定にあたっては、熊本藩（一部柳川藩）を参考にしていた。また商品を輸出のみ可、輸出入とも可、輸入のみ可に分けてあり、当

（10）安永四年「請役所日記」（佐賀県立図書館所蔵蓮池鍋島家文庫〇二三－一七）。

■表3 安永4年俵銭

商品	税賦課の単位	税額（銭、文）		輸入	輸出	新/旧
		旧	新			
米	1俵（3斗）	3	25	×	○	8.3
小麦	同上	3	20	×	○	6.7
大麦籾	同上	1.5	13	×	○	8.7
大豆	同上	3	25	○	○	8.3
小豆	同上	3	25	○	○	8.3
円豆	同上	3	13	○	○	4.3
小角豆（ささげ）	同上	3	13	○	○	4.3
唐豆（とうまめ）	同上	3	13	○	○	4.3
黒豆	同上	3	25	○	○	8.3
荒蝋	1斤	1.5	3	○	○	2.0
蕎麦	1俵（3斗）	1.5	13	○	○	8.7
粟	同上	1.5	13	○	○	8.7
稗	同上	1.5	13	○	○	8.7
茶	100斤	100	200	○	○	2.0
焼物	同上か	500	700	○	○	1.4
同小俵	1俵	2	20	○	○	10.0
すて	100斤	2	15	○	○	7.5
たて	1石	5	15	○	○	3.0
繰綿（くりわた）	1丸	50	140	○	○	2.8
木綿	1丸	30	80	○	○	2.7
たばこ	1斤	1	2	○	○	2.0
苧（からむし）	1丸	30	140	○	○	4.7
塩	1石	5	35	○	○	7.0
鉄地金	1俵（10貫）	5	70	○	○	14.0
砂糖樽	1丁	50	140	○	○	2.8
菅笠（すげがさ）	1俵（100枚）	10	100	○	○	10.0
竹皮笠	同上		100	○	○	–
櫨（はぜ）実	1石	15	100	○	○	6.7
晒蝋（さらしろう）	1斤	1.5	3	○	×	2.0
えこ	1俵（3斗）	3	20	○	×	6.7
辛子	同上	3	30	○	×	10.0
胡麻	同上	3	50	○	×	16.7
麻種	同上	3	13	○	×	4.3
芥子（けし）	同上	3	30	○	×	10.0
椿実	同上	1.5	25	○	×	16.7
木実	同上	1.5	25	○	×	16.7
綿実	同上	1.5	15	○	×	10.0
楮（こうぞ）	1俵（5貫）	3	15	○	×	5.0

時の佐賀藩内での生産状況がうかがえるのではないだろうか。たとえば輸出のみ可とされている米は藩内で充分に生産されているからこそ、輸入は認めなかったとみられる。

■表4 俵銭追加商品

商品	税賦課の単位	税額	注記
紅花	10貫目	600	
染藍	1俵	15	
藺表（いぐさおもて）	10枚	40	
七嶋・本間蓙（ござ）	10枚	20	出入とも
昆にやく芋	100斤	20	
品々油	1斗	50	
肴物	1駄	50	隣国・遠在出入とも
数の子・干鱈など	1俵	40	
茸類	1石	100	
布・木綿	100反	200	
白砂糖・氷砂糖	100斤	200	
明樽（あきだる）	10丁	30	
陸路にて輸入品	1駄	100	
同上	1荷	50	

税額は銭（単位は文）。注記に記入がない商品は輸入のみ

■表5 新運上

業種	税賦課単位	運上額	業種	税賦課単位	運上額
呉服物・木綿類 小間物・荒物細工道具店	間口1間	3	仏具・位牌屋	1軒	10
薪屋	1軒	20	箔屋	1軒	10
肴物店	間口1間	5	素麺屋	1軒	3
菓子屋	1軒	20	足袋屋	間口1間	3
まんちう屋	1軒	5	紺屋	藍瓶1本	3.5
古道具・古かね屋	1軒	20	藍染屋（あいぞめや）	藍瓶1本	1.5
あめかた屋	1軒	10	打綿屋	綿弓1張	10
茶店	間口1間	3	油屋	油船1艘	15
苧店	間口1間	3	風呂屋	1軒	10
うるし屋	間口1間	3	木薬屋	間口1間	3
焼物店	間口1間	3	材木屋	1軒	30
檜物屋・桶屋・畳屋	1軒	10	八百屋	間口1間	5
作花屋	1軒	5	うとん屋	1軒	10
石切・鍛冶	1軒	10	古手（ふるて）屋	1軒	50
切革屋・仕立屋	1軒	10	旅質取次所	1軒	80
駕籠屋	1軒	30	地方質屋	1軒	50
蝋燭屋	間口1間	3	味噌醤油屋	1軒	30
鬢付元結屋	間口1間	3	釘屋	間口1間	3

運上額は銀（単位は匁）

料金受取人払郵便

博多北局
承認

0647

差出有効期間
2024年11月15
日まで
（切手不要）

郵便はがき

812-8790

158

福岡市博多区
奈良屋町13番 4 号

海鳥社営業部 行

通信欄

通信用カード

このはがきを，小社への通信または小社刊行書のご注文にご利用下さい。今後，新刊などのご案内をさせていただきます。ご記入いただいた個人情報は，ご注文をいただいた書籍の発送，お支払いの確認などのご連絡及び小社の新刊案内をお送りするために利用し，その目的以外での利用はいたしません。

新刊案内を［希望する　希望しない］

〒　　　　☎　（　　）

ご住所

ご氏名《フリガナ》　（　　歳）

お買い上げの書店名

鍋島治茂の政治

関心をお持ちの分野

歴史，民俗，文学，教育，思想，旅行，自然，その他（　　　）

ご意見，ご感想

購入申込欄

小社出版物は全国の書店，ネット書店で購入できます。トーハン，日販，楽天ブックスネットワーク，地方・小出版流通センターの取扱書ということで最寄りの書店にご注文下さい。なお，本状にて小社宛にご注文いただきますと，郵便振替用紙同封の上直送致します（送料実費）。小社ホームページでもご注文いただけます。http://www.kaichosha-f.co.jp

書名		冊
書名		冊

俵銭は、もともと佐賀藩の「側」の財政を管理する懸硯方《かけすずりかた》の収入だった。そのため財政帳簿には、俵銭収入は計上されていない。しかし安永四年度より、「増俵銭銀御懸硯方より差し出され候」という収入が計上されるようになる。おおよそ毎年銀八〇〜二〇〇貫目程度、藩財政の増収となった。さらに同年一〇月には、俵銭をかける商品の追加（表4）、および「新運上」が決定された（表5）。細かい説明はしないが、当時の佐賀藩領においてどのような商品が輸出入され、どのような業種の店があったのかわかるので掲げておきたい。そのほか店を構えない振売《ふりうり》商売にも、運上銀が賦課された。なお新運上は財政帳簿の収入項目には出てこないため、懸硯方の収入になったようだ。

諸富津の「諸国問屋」と「旅女」

安永四年一二月、筑後川河口の港町諸富津《もろどみつ》が「零落」しているとして、「賑」のために「諸国問屋」を置くことになった。[11] 諸国問屋は、領外から諸富津にもたらされる商品を取り扱うのだろう。そのひとりである判次郎なる人物が、佐賀藩に次のような願書を提出した。諸富津はたしかに船が入港するにはいいところだが、「手廻不自由」のため船は「向領」へ行ってしまう。旅人も諸富津にはとどまらないため取引は少なく、津（港町）は衰退してしまう。そのため「旅女」を雇い置くことを許してほしい。

（11）諸富町史編纂委員会編『諸富町史』（諸富町、一九八四年）に詳しい記述があり、参考にした（池田史郎執筆）。

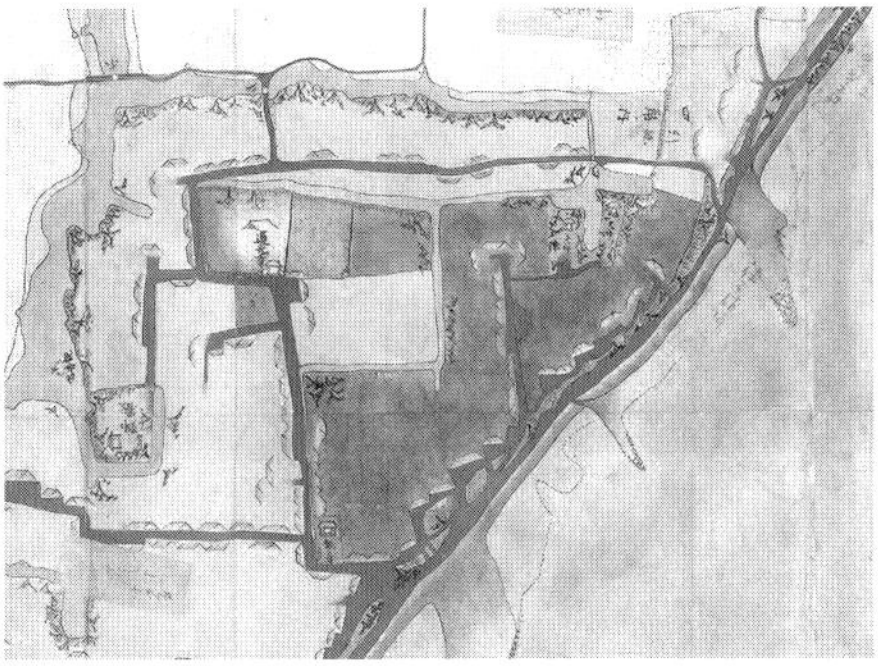

江戸時代の諸富を描いた地図（佐賀県立図書館所蔵「川副東郷諸富村図」、同館データベースより）

西宮社（佐賀市北川副町光法）

「向領」とは、久留米藩領若津《わかつ》および柳川藩領浜口《はまぐち》（ともに現大川市）を指している。判次郎は両地とも繁昌し、他領の船はそちらにばかり入港していたと述べている。また「旅女」は、遊女として諸富津に集められたようだ。判次郎の願いは認められたが、あくまで他領の船や旅人を呼び込むための措置であり、佐賀藩の人びとが遊びに行くことは厳禁とされた。

同じ頃、「町家の者」（佐賀城下の町人だろう）から相撲・芝居興行の願書が提出され、これも「困窮の時節」だからと許可された。「零落」「困窮」が事実かどうか確かめることは難しいが、地域の活性化という目的を掲げられると、この頃の佐賀藩は容認する傾向にあった。ほかにも川副《かわそえ》上郷西宮社の宝殿・拝殿造営費用を集めるため、座主《ざす》金光院が旅相撲・芝居興行を、佐賀城下東魚《ひがしうお》町の五郎右衛門も芝居興行を願い出て、ともに許可されている。しかし安永九年には「旅芸芝居」について、「風俗が悪くなる」との理由で禁止しており、領内の活性化と風紀粛正とのあいだで佐賀藩は揺れ動いていた。そもそも旅芝居の開催によって、人びとの風紀が乱れるとは限らないように思えるが、佐賀藩はそのような認識を持っていた。朱子学を重んじる、治茂の意向があったかもしれない。

木材の販売

安永五年八月、江戸の諸費用にあてるために領内山々の材木を販売し、銀一〇〇〇貫目ほど用立てできないか調査することになった。郡目付久保三左衛門が密かに山々を見分した結果、銀一三〇〇貫目ほどの利益を見積もった。そのうえで「仕法書」（計画書）が作成されたが、一〇年計画でおもに嬉野・塩田《しおた》・鹿島・伊万里《いまり》・有田《ありた》・諫早《いさはや》などの山々で木を伐採し、白石《しろいし》・横辺田《よこべた》などの山々は一〇年間、木々の成長を待つ。また利益一三〇〇貫目のうち三〇〇貫目は支出に回さず、領内の人びとに貸し付けて「備銀」にするとしている。貸し付けにより利殖し、急な支出などの備えにしようと考えたようだ。

この提案は認められ、おもに佐賀藩西部（「西目」）の山々について、「伐方」と「引当に差し出す」山々に分けられた。「仕法書」にあった利殖計画については、今のところ確認できない。「伐方」は実際に木々を伐採して販売する山々、「引当に差し出す」山々の木々は借金の担保（「引当」）とし、返済できない場合は伐採したと考えられる。前者には嬉野・塩田・能古見《のごみ》・七浦《ななうら》・諫早、後者には伊万里・山代《やましろ》・有田・能古見の山々があてられた。

献金

安永六年五月、重臣および佐賀城下の町人町に住む人びとから、献金が集められた。大坂へ送る米が足りず「浜方破れにおよび」という状態になり、治茂の帰国費用が準備できないためだという。「浜方破れにおよび」とは、大坂堂島米市場の仲買商人たちとの取引が、うまくいかなかったことを意味する。その詳細は不明だが、大坂へ運んだ米の量は、人別銀のところなどで「凶作」とされているにもかかわらず、例年と変わりない。「破れ」は運んだ量が減ったからではなく、大坂の商人たちが望む量を用意できなかったと考えられ、空米切手《くうまいきって》が大きくかかわっているようだ（詳しくは後述）。いずれにしろ、大坂での資金調達はうまくいっていなかったとみていいだろう。

このとき集められた献金は銀六四貫四〇目と金一二七両、銀で合計すると七二貫目ほどだろうか。そのうち七割ほどの五〇貫目は、城下町の町人町に住む身分の低い武士や町人だった。現在でも地名として残っているが、佐賀城下はおおまかに「〜町」と「〜小路」と名が付いたエリアに分かれている。白山町・材木町など「〜町」は町人が住むエリアで、八幡小路・中之小路など「〜小路」は武士の居住区だった。ただ町人町にも、足軽や徒《かち》などの佐賀藩に直接仕える武士、および「〜被官」（〜には佐賀藩の家臣の名前が入る）と表記される陪臣《ばいしん》（藩主からみて、家臣の家臣）が住み、さまざまな商売を営んでいた。

彼らの多くは、藩や家臣に献金などの功績を認められ、武士身分に引き上げられた町人たちである。このとき献金した町人町居住者は一四二人、そのうち武士身分とみられるのは一二九人である。時代は下るが、嘉永七年（一八五四）四月に作成された町人町の住民台帳が現存しており[12]、全文解読のうえ刊行されている[13]。

（12）「竈帳」（鍋島家文庫三一六-一、二、四、六、八〜一四、一六〜二七、二九）。
（13）三好不二雄・三好嘉子編『佐嘉城下町竈帳』（九州大学出版会、一九九〇年）。

（14）たとえば伊藤昭弘「萩藩における「御仕成」と中間層」（『九州史学』一三三、二〇〇二年）。

これをみると、町人身分より武士身分の住民が断然多かったことがわかる。他藩の場合、献金などにより苗字や帯刀を認められることがあったが[14]、その場合はあくまで百姓・町人身分のままのことが多かった。しかし佐賀藩では、一部をのぞいて武士身分に引き上げられていた。

町人地に住む武士の場合、もともと武士でありつつ商売を営んでいた者もいただろうが、多くは献金などにより武士身分に上昇した人びとだろう。佐賀藩における武士身分のあり方を考えるうえで、彼らの存在は大きな意味がある。

大坂「売過米」

同年一二月、佐賀藩は大坂町奉行所の与力牧野平左衛門・安井新十郎に毎年渡していた手当を増額し、さらに同じく与力の西田喜右衛門へ新たに手当を渡すことに決した。ほかにも「浜方御立入」（大坂米市場の米仲買で、佐賀藩の出入り商人）である尾張屋嘉兵衛・銭屋利兵衛・吹田屋万蔵、「名代」肥前屋八郎兵衛の手代佐助、同じく「名代」河内屋久兵衛の手代十兵衛、および京屋源七なる商人にも手当を渡すことになった。

これらの褒賞は、「大坂浜方売過米一件につき、別して品よく取り計らい候」ことを理由としていた。大坂堂島米市場で米を売りすぎた件について、特にうまく取り計らってくれた、という意味になる。それでは米を売りすぎるとは、どうい

「摂津名所図会」（大阪市立中央図書館所蔵、同館デジタルアーカイブより）に描かれた堂島米市場

うことなのだろうか。ここに、献金の項で触れた空米切手がかかわってくる。

諸藩が堂島米市場で米を売る場合、それぞれの蔵屋敷で発行した米切手が堂島で売買された。本来なら、たとえば蔵屋敷に一万石の米があったとすれば、発行する米切手も一万石分になる。ところが諸藩の多くが、次の秋に年貢として入手する予定の米の分とか、これから何とかかき集めて大坂へ送る米の分など、その時点では米の現物が手元にないにもかかわらず、米切手を発行することがあった。この場合の米切手は、「先納切手《せんのうきって》」などと呼ばれた。しかし、仮に次の秋が凶作となり予定より年貢高が減少したり、そもそも米を準備できるあてがないほどの量の先納切手を出していたりした場合、現物の米と交換できない米切手が発生し、それが「空米切手」となった。

空米切手は取引の信義に反するし、諸藩が現物の米のあてもないままに過剰に米切手を発行すると、堂島米市場の米価が下がってしまう。そのため幕府はたびたび空米切手の禁止令を出したが、なかなかなくならなかった。諸藩からすると、米切手を発行するだけでお金が手に入ってしまう。買い手である米仲買など商人たちも、必ずしも現物の米が必要だから米切手を買うのではなく、米相場での一儲けを狙うことが多かった。また、空米切手を幕府が禁止している以上、それが発覚すれば諸藩は違法行為を働いたことになってしまう。それを見越し、米切手を発行した藩に高値で買い戻させよう、と企んでいた者もいたかもしれない。

いずれにしろ、このとき佐賀藩は過剰に米切手を発行してしまい、大坂で一悶着起こしてしまっていたようだ。しかし、ここに名前が挙がっている奉行所役人や商人たちの尽力で、何とか穏便に済ますことができた。

小城鍋島家の空米切手騒動

翌安永七年にも、佐賀藩は「大坂御借銀取り鎮めのため」米三万石・銀四五〇貫目が必要となり、続いて同八年にはとうとう「公訴」（裁判沙汰）にまで至ってしまっており、大坂で苦しい事態が続いていた。さらに佐賀藩だけでなく、小城鍋島家も空米切手騒動を起こしてしまう。

「三家」の小城・蓮池・鹿島鍋島家も、大坂に蔵屋敷を構えて年貢米など産物を販売したり、金策にあたったりしていた。安永七年六月二八日の記録によると、佐賀藩の大坂聞番《ききばん》（大坂蔵屋敷の代表者）秀嶋貢が大坂町奉行京極伊予守より呼び出され、小城鍋島家の米切手に「滞」が生じ、米切手の持ち主たちが大坂町奉行所に訴え出たと伝えられた。このときは何とか示談で片付いたが、町奉行によれば、小城鍋島家はこれまで「数度」空米切手騒動を起こしていたという。そのため町奉行は小城鍋島家の家臣吉富三郎兵衛に対し、今後絶対にこのようなことがないよう命じた。そのうえで、吉富に渡した「御書付」の写を本家である佐賀藩にも渡すため、町奉行は秀嶋を呼び出したのだった。町奉行所は佐賀藩に、小城鍋島家の指導・監視をさせたかったのだろう。「御書付」を佐賀藩が受け取ったことは、小城鍋島家にも伝えられた。

しかし翌安永八年一月、またも小城鍋島家は大坂で訴えられてしまう。一月二一日、小城鍋島家が代金を前借りしていた分の米を引き渡せず（その分の米切手が空米切手に）、貸主ふたりが大坂町奉行所へ訴え出た。さらに同二八日、町奉行所が小城鍋島家の大坂役人を呼び出したが、病気などと言い訳し、誰も出頭しなかった。そのため町奉行所は佐賀藩の大坂聞番を呼び出し、この件を伝えた。

この件はただちに大坂から佐賀へ伝えられ、翌二月九日、佐賀藩は小城鍋島家に対し次のように通達した。去年も訴訟騒ぎを起こしてようやく示談に落ち着き、以後は財政をきちんと運営すると約束したはずである。しかし間もなく再び空米切手騒ぎを起こすなど、以ての外の事態である。そもそも空米切手は幕府が禁止しており、それを何度も訴えられ、さらに町奉行所の呼び出しに対し病気などと言い訳して応じないのは言語道断である。まずは急ぎ示談をまとめるように。

前述のように佐賀藩は、自身の空米切手処理に四苦八苦していた。さらに分家小城鍋島家の空米切手にも悩まされていたのである。

財政帳簿にみる藩財政

ここまで治茂が藩主に就いて以降、おおよそ安永年間の佐賀藩政、とくに財政

■表6 佐嘉藩財政の状況（1）

年	米価	収支	貸借	合計
明和元年	53	▲2,070	2,767	697
明和２年	62	1,428	▲765	664
明和３年	59	▲501	1,658	1,157
明和４年	62	2,983	▲3,134	▲152
明和５年	61	▲1,391	▲1,798	▲3,188
明和６年	56	332	6,909	7,241
明和７年	62	▲1,463	2,077	614
明和８年	53	▲899	▲290	▲1,189
安永元年	47	▲8	2,261	2,252
安永２年	47	470	▲405	65
安永３年	47	589	391	980
安永４年	47	1,070	▲298	772
安永５年	56	▲3,122	▲1,127	▲4,249
安永６年	49	1,005	1,188	2,193
安永７年	48	594	▲134	461
安永８年	40	817	1,206	2,023
安永９年	38	▲259	▲2,033	▲2,292
全体	52	▲425	8,473	8,048
重茂治世期	59	782	5,637	6,419
治茂治世期	49	▲1,207	2,836	1,629

すべて銀。単位は米価が匁、そのほかは貫（1貫＝1000匁）。「全体」「治茂治世期」は米価が1年平均、そのほかは今期間の合計。小数点以下は非表示

運営について検討してきた。佐賀藩はさまざまな増収策・経済振興策を講じるが、大坂での騒動など、苦しい財政運営を続けていたようにみえる。

ここで、財政帳簿からこの頃の藩財政をみてみよう。財政帳簿は宝暦一〇年度以降、同一一、一三年を除いて安政四年まで現存している。明和元年度から安永九年度まで、表6により説明したい。「収支」はその年度の収入（借金の借入をのぞく）から支出（借金返済をのぞく）を差し引いたもの、「貸借」は借金の借入額から返済額を差し引いたもの（返済が多ければマイナス［▲］になる）、「合計」はこのふたつをあわせた数字である。

前述したが、宝暦一〇年度には莫大な借入によりカネ余りとなり、銀九〇〇四貫目を翌年に繰り越していた。同様のことが、明和六年度にも起きている（「貸借」が六九〇九貫目のプラス）。この年度は治茂が藩主に就いた明和七年の九月までを含んでいるが、彼の知るところではなかっただろう。治茂の治世期全体（明和七年度以降）では、「収支」▲一二〇七

貫目、「貸借」が二八三六貫目のプラスである。重茂期に比べてあまり繰越金が増えていないが、返済額と借入額がある程度均衡していたためで、財政運営としては健全だといえるだろう。

また「収支」のうち、安永五年度が▲三一二二貫目と突出しているが、これは江戸屋敷の再建費用が、この年度にまとめて計上されているためである。火災というアクシデントに見舞われたための支出であり、仮にこれがなければ、ここまで二〇〇〇貫目ほどのプラスになっていたことになる。やはりこの時期の佐賀藩財政は、何とかうまくやっていたと評価できる。

さらに治茂が藩主に就いて以降は、それ以前と比較すると米価が年平均で銀一〇匁下がっている（重茂の治世期である明和元〜六年は一石あたり五九匁、明和七年以降は四九匁）。単純計算すれば二割ほど収入が減ったことになり、非常に厳しい状況のなか、さまざまな増収策によって財政悪化を食い止めていた。

筆者には、ふたつの疑問が浮かんだ。まずひとつは、なぜ佐賀藩はたびたび大坂で銀主との交渉や空米切手の処理に悩まされていたのか。これは、重茂期に多額の借入をもとに繰越金が蓄積されたことが、大きくかかわっていると考えられる。重茂期に膨らんだ借入の返済をめぐって大坂で銀主と摩擦が生じ、空米切手に頼らざるを得ないこともあったのだろう。

もうひとつの疑問。元手が借金とはいえ、帳簿上は多額の繰越金が生じている。

治茂の頃はさほど増えなかったものの、安永九年度時点で銀一万五八一二貫目もの繰越金があった。この疑問に対する答えを資料から明確に引き出すことはできないが、まず繰越金のすべてが現金銀や米で保管されていたわけではなく、多くは大坂商人などに預けて運用したり、家臣や領民に貸し付けたりと、すぐには現金化できないものだったと考えられる。

さらに大坂でたびたび苦難に見舞われたとはいえ、蓄積した繰越金を取り崩すほどの危機だと認識していなかったのではないか。手元にある程度お金があるのなら、借金を返済したり家臣の献米を減らしたりすればいいと筆者は考えてしまう。しかし、そもそも藩財政運営の根底に、そうした意識がどこまであったのか。藩財政が主で銀主や家臣たちはあくまで従と考えれば、藩財政のために銀主・家臣を苦しめることは、別に悪いことではなかったのかもしれない。

鷹狩り

ここまで藩財政にかかわる政策を中心にみてきたが、この時期の治茂の特徴として、狩猟、とくに鷹狩りを頻繁に催していたことを指摘しておこう。江戸時代、鷹狩りは誰でもできるものではなく、藩においては、大名の権力を示す象徴だった。佐賀藩では許された者しか鷹狩りを催すことはできず、許された場合もその場である「鷹場」は大きく制限されていた。(15)

(15) 伊藤昭弘「一七世紀佐賀藩における鷹と鷹場」(『鷹・鷹場・環境研究』三、二〇一九年)。

享保一四年（一七二九）、五代藩主吉茂のとき建立された鳥獣供養塔（雁の塔、佐賀市川副町福富）。この塔がある一帯で、治茂はたびたび鷹狩を催した

（16）伊藤昭弘「鍋島勝茂と鷹」（福田千鶴・武井弘一編『鷹狩の日本史』勉誠出版、二〇二一年）。
（17）「吉茂公譜」（『佐賀県近世史料』第一編第四巻、一九九六年）。

歴代佐賀藩主では、初代勝茂が鷹狩り好きだった(16)。彼が重臣にあてて書いた手紙には、「体調が悪かったが、鷹狩りをしたらすっかり治った」とか、「早く佐賀に帰って鷹狩りがしたい」など、「鷹狩り愛」を示す一節がいくつもある。二代光茂以降は鷹狩りへのこだわりがある藩主は見受けられず、四代吉茂は頻繁に狩猟を催していたが、もっぱら鉄砲を用いていた(17)。

治茂は藩主に就任してから初めて佐賀に帰った直後の明和八年五月、鷹を飼育する「鷹屋」を建てた。もともと吉茂が建てた欄干御茶屋に鷹屋はあったが、この前年に「御取仕廻」（取り止めた、解体したとの意だろう）になっていた。そして同年一一月、「川副筋」（佐賀市川副町）で鷹狩りを催し、獲物を重臣たちに与えている。同年一二月には、「与賀筋」（佐賀市東与賀《よか》・西与賀町）でも鷹狩りを催した。翌安永元年は領内が洪水に見舞われたこともあり、鷹狩りは確認できない（「御遊猟」は正月に一度あった）。しかし同二年には、二〜四月にかけて鷹狩りを六回、「御遊猟」「御狩」を各一回、一〇月以降鷹狩りを三回、「御狩」を二回催している。その後回数は減っていくが、治茂はたびたび鷹狩りをおこなっていた。

もちろん、単に治茂が鷹狩りが好きだっただけかもしれない。しかし鷹狩りによって「武」を強調することで、家臣たちの引き締めを図った可能性もあるだろう。治茂の個性を示すものとして、鷹狩りへのこだわりを挙げておきたい。

天明期の佐賀藩政

米筈の発行

ここからは天明年間の佐賀藩政について検討するが、まずは米筈《こめはず》発行についてみていきたい。米筈発行は安永八年（一七七九）に決定、翌年から開始されており、厳密には時期がずれるが、天明年間以降の佐賀藩政を考えるうえで象徴的な政策のひとつであり、ここで取り上げたい[1]。

米筈とは、佐賀藩が発行した紙幣のことである（「筈」は佐賀藩では「札」の意味で使われる）。佐賀藩が紙幣を初めて発行したのは享保一九年（一七三四）で[2]、このときは銀札（銀〇匁などと書かれている）だった。享保飢饉のさいに幕府から米を借り、その返済財源のひとつとして始められたという。明和二年（一七六五）、現金との引替に混乱が生じ、利用が停止された（それまでも一時停止あり）。佐賀藩に限らず諸藩が発行する紙幣（藩札）は金銀銭米で価値が表記され、それらの現物と引替可能なことが、その信用を支えた。しかし現物との引替が難しいとの情報が流布すると（たとえば藩が財政難で、引替用の現金を用意できないな

（1）伊藤昭弘「佐賀藩における紙幣発行――「米筈」を例に」（『佐賀大学経済論集』四五－六、二〇一三年。のち伊藤『藩財政再考――藩財政・領外銀主・地域経済』、清文堂、二〇一四年に収録）。

（2）米筈以前に佐賀藩が発行した銀札については、池田史郎「佐賀藩の藩札」（百田米美編『図説佐賀藩の藩札』九州貨幣史学会、一九八三年）に詳しい。

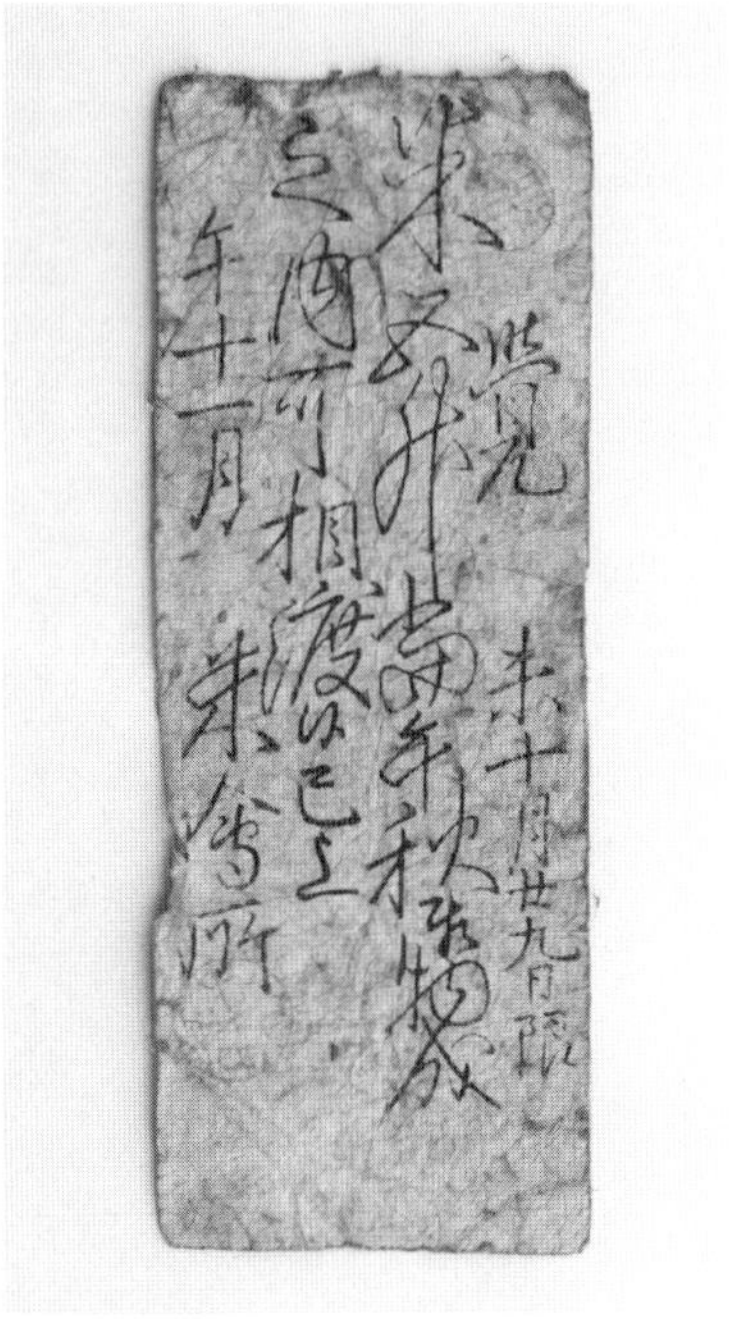

佐賀藩が発行した米筈（個人蔵）

ど）、人びとは藩札の使用を避け、価値が下落した。

安永八年一〇月、佐賀藩は米筈発行を決定した。藩の財政難および領民の困窮が発行理由とされているが、後者の原因のひとつとして、領内で流通する現金が不足しているという。現金不足は取引など経済活動の停滞につながるため、佐賀藩に限らず諸藩が頭を悩ませた。

名前のとおり、米筈には「米〇石（斗、升）」と書かれていた。しかし、たとえば米一石の米筈は現物の米一石と引き替えることはできず、かわりに銭四貫文の価値が与えられた。米筈という名前・米を単位に使った紙幣ではあるものの、実質的には銭を基準にした銭札《ぜにさつ》だった。ならば最初から銭札として出せばいいが、なぜ米筈としたのか理由は不明である。幕府が藩札の発行を制限したため、それを回避するためにという説があり[3]、本書もそれに従いたい。なお初年度の安永九年には、米筈一万石が発行された。

米筈の仕組み

藩札を発行するには、引替用の現金が必要だった。佐賀藩は米筈発行にあたり、

（3）池田「佐賀藩の藩札」。

領民ひとりあたり一カ月に銀二分七厘余（今のお金だと、おおよそ四〇〇円といったところか）ずつの人別銀を一年間集め、銀一〇〇〇貫目あまりを準備する計画をたてた。その後やや改められ、安永八年は領民ひとり銀九分（一三〇〇円ほど）ずつを一度限り、翌九年の一～九月は一カ月につきひとり二分五厘（四〇〇円ほど）ずつ集めることになった。

しかし前述のとおり、佐賀藩は安永九年までの計画で人別銀をすでに実施していたが、米筈発行の計画を立てた直後の安永八年一二月に中止していた。さらに米筈発行のための人別銀も中止する、と記した資料がある。しかし安永九年の夏に人別銀を取り立てたとする資料もあり、計画どおりか不明だが、安永九年も人別銀は徴収されたと考えたい。

米筈は、一石から一升まで九種類発行された。前述のとおり一番大きな一石筈が銭四貫文、一升筈はその一〇〇分の一の四〇文になる。現代のお金だと一文およそ二〇円ほどだろうか。そうすると、一石筈は八万円、一升筈は八〇〇円ほどになる。江戸時代のお金のうち、金はいちばん小さい金一朱がおおよそ六千円ほど、大きい金一両が一〇万円ほど、銀は一匁一五〇〇円ほど、一貫目は一五〇万ほどと本書では考えたい。歴史小説などでも描かれるが、ふつうの人びとが使うのは銭が中心で、金銀を手にすることはあまりなかったといわれている。米筈もいちばん小さい一升筈が八〇〇円くらいとすると、日々の細かな買物などより、ある程度まとまったお金を授受するさいの使用を想定していたようだ。

諸藩が藩札を流通させるさいの方法は、①人びとが所持する現金銀銭と藩札を交換する、②家臣や領民に藩札を貸し付ける、③藩の支出のさい、藩札で支払う、の三通りである（家臣や領民にタダでばらまくという手段もあるが、そうした例を筆者は知らない）。米筈の場合、まず安永八年一二月に③が宣言された。次に翌九年三月、「御城下市中」に対する②が通達された。そのさい「米筈を出すと通達していたが、今まで延期していた」とされており、前年一二月の③は実施されなかったようだ。また貸し付けの利息は年一〇%で、貸すさいにあらかじめ差し引かれていた（米筈一〇〇石を借りる人は、九〇石分だけ受け取った。返すときは現金銀銭とあわせ一〇〇石分を返済）。

期限付の紙幣

藩から米筈を借りた人は、その裏面に署名・押印が命じられた。通達には、「名所の者」と表現されている。彼らがいろいろな支出や貸し付けなどに使うことにより、領内で米筈が流通することになった。

諸藩が発行する藩札は、ふつうは使用期限はもうけられていなかったが、米筈は毎年一〇月二九日が期限とされ、回収→新規発行が繰り返された。米筈の表には、次のように書かれていた。

■表7　米筈発行高および財政帳簿における「御益銀」高

年	西暦	発行高	増減高	「御益銀」高
天明3年10月～	1783	45,300		16
天明4年10月～	1784	50,000	4,700	5
天明5年10月～	1785	60,000	10,000	164
天明6年10月～	1786	60,000		132
天明7年10月～	1787	39,200	-20,800	302
天明8年10月～	1788	45,000	5,800	163

発行高の単位は石、「御益銀」高は貫

覚

寅十月廿九日限り

米壱斗　当丑秋御物成のうち相渡すべく候、以上

丑十一月　米会所

米会所は、米筈の発行などを管轄した役所である。このとき出された米筈は、同年秋に集められた「御物成《おものなり》」（年貢米）と引き替える、という体裁となっている。翌年秋には新しい年貢米が集まるので、その直前の一〇月末までが引き替え期限とされた。

しかし前述のとおり、米筈は銭を基準に価値が定められており、米との引替は行われなかった。これはあくまで年貢米と引き替えるための米切手だとみせることで、やはり幕府の藩札制限に引っかからないようにしたのだろう。「名所の者」は自分の署名・押印がなされた米筈を集め、一一月一五日までに藩に返さなければならなかった。そして再度、新たな米筈が貸し付けられた。

米筈と藩財政

米筈の発行高は、天明三年（一七八三）から文化元年（享和四年、一八〇四）までの記録がある。そのうち天明八年度までの発行高と、財政帳簿に「米筈御益銀」と計上された米筈発行による利益をまとめた（表7）。前述のとおり、安永九

（4）米筈と現金銀銭との両替時に手数料が必要だったが、利益としてはさほど大きいものではない。

年の米筈開始時の発行高は一万石だったが、三年後の天明三年にはその四・五倍にまで増加し、以降おおよそ四〜六万石となっている。発行による利益は年によってまちまちで、発行高とも対応していない。米筈発行による利益とは、ほぼ貸し付けの利息分だと考えていい(4)。米筈を借り受けた「名所の者」のなかに、期限内の返済ができない者がいたため、年によって利益にばらつきが出たのだろう。

米筈発行による利益は、藩財政収入全体の数％といったところだろうか。藩財政を劇的に改善させるような特効薬ではないものの、貴重な収入減のひとつとなった。

千人講の復活

安永七年、万人講《まんにんこう》の上納銀を「搦方《からみがた》」の財源とすることになった。搦方とは、河口や海岸で干拓事業を行う部局である。この頃佐賀藩は伊万里《いまり》などで干拓事業をすすめており、その経費を宝くじの上納銀でまかない、藩財政からは出さないようにした。

さらに安永八年度の財政帳簿をみると、「千人講御益銀」として銀五五四貫目が計上されている。なぜ千人講を再開したか、残念ながら理由を記した資料を確認できなかったが、財政難が背景にあることは間違いないだろう。さらに前述した人別銀の停止も、新たな財源として千人講への期待を高めたと考えられる。治茂《はるしげ》はもともと領民の負担となる宝くじに消極的で、いったんは認めたもののすぐに中止させた。また四年後には復活させたことになるが、やはり治茂は認めがたかったようで、天明四年三月、一刻も早く止めるよう指示している。しかし財政を管轄する相続方は財政難を説明する長文の意見書を提出し、千人講の継続を訴えた。やむなく治茂は、これを受け入れている。

六府方の設置

千人講継続の条件として、相続方はその収益を「六府方《ろっぷかた》」に渡し、干拓事業を成就させると提案していた。六府方は、天明三年一二月、佐賀藩の「側」に設置された役所で、里《さと》御山方《おやまかた》・御山方・搦方・大河内《おおかわち》陶器《とうき》方《かた》・御牧方《みまきかた》の五つの役所がその下に置かれた。

中国の歴史書に最古の王朝として記録されている夏《か》の始祖である禹《う》は、次のように語ったという(5)。徳とは政治をよくすることであり、政治は民を養うことである。水・火・金・木・土・穀の六府（人びとの生活のための主要な材）をよく整え、徳をただすこと、財貨の利用を円滑にさせること、民を豊かにすることの三事をバランスよくすすめるべきだ。

六府方の名はこのなかの「六府」に由来しており、設置の趣意書には「富国綏《ふこくすい》民《みん》」（国を豊かにし、民をやすんじる）が掲げられている。また趣意書の前書きに

（5）小野沢精一『新釈漢文大系第二六巻　書経下』明治書院、一九八五年）。

六府方による干拓地の守り神「豊玉姫之尊」祠がある龍神社（白石町福富下分）

は財政難の状況が述べられており、領内を豊かにすることで、財政収入を増やそうという意図もあったようだ。この文章は、中国古代の歴史書『書経』の一部である。『書経』は儒学の代表的な書物である「四書五経」のひとつであり、儒学者である長尾東郭《とうかく》が六府方の設置および名称を提案したといわれている。(6)

長尾東郭は搦方の責任者に就き、藩内各地の干潟などで干拓事業がすすめられた。ただ千人講の利益は財政帳簿に計上され続けており、全額が搦方に投じられたわけではなかった。

(6) 久米邦武編述、中野礼四郎校補『鍋島直正公伝』第一編(侯爵鍋島家編纂所、一九二〇年。一九七三年に財団法人西日本文化協会より復刻)。

一〇〇〇年ローン

天明四年、佐賀藩は京都の銀主《ぎんしゅ》である河井三右衛門・岡本勘次・岡本勘兵衛・河井十右衛門・中島利助に、それぞれ褒美を与えた。その理由は、この三年前にさかのぼる。

天明元年、河井十右衛門・中島利助は佐賀藩に対し、訴訟を起こした。ふたりあわせて銀六七〇〇貫目(現代なら一〇〇億円ほどか)の借金を佐賀藩が返済しないため、業を煮やしたのである。河井三右衛門もふたりに同調して訴訟を検討したが、岡本勘次・勘兵衛の説得により見合わせた。三右衛門の佐賀藩への貸付額は元利あわせて銀一万三〇〇〇貫目、岡本勘次・勘兵衛は、ふたりあわせて三〇〇〇貫目だった。その後河井十右衛門・中島利助も、佐賀藩との交渉の結果訴訟を取り下げた。また河井三右衛門と岡本勘次・勘兵衛は、天明三年には佐賀藩への追加融資に応じていた。

そして天明四年春、佐賀藩は河井三右衛門・十右衛門と中島利助に対し、借金の「七部」を「証文差上」、残りを無利子で「年一朱ずつ」返済するという案を提示し、認めさせた。「七部」は七〇％、「一朱」は〇・一％を意味する。「証文差上」とは借金を返していないにもかかわらず、借入のさいに佐賀藩が貸主へ提出した借用書を、貸主から佐賀藩へ「差し上げる」、すなわち借金をチャラにするという意味である。さらに年〇・一％ずつ返済するということは、完済までに一〇〇〇年かかる。

藩による長期ローンといえば、薩摩藩が天保年間に強行した二五〇年が有名だが、佐賀藩はそれをはるかに上回り、管見の限り江戸時代における最長返済期間記録である。岡本勘次・勘兵衛の両人は「証文差上」はなかったが、三〇〇〇貫目のうち利息分は帳消しとされ、元本分だけが一〇〇〇年ローンとなった。「証文差上」を回避した分、ほかの三人よりましに思えるが、佐賀藩が長期間返済していなかった場合、利息分もかなりの額になっていただろう。なお一〇〇〇年ローンはここに登場した京都の銀主だけでなく、大坂の銀主も対象だった(7)。

(7) 伊藤昭弘「佐賀藩と上方銀主」(『佐賀大学地域学歴史文化研究センター研究紀要』六、二〇一二年。のち伊藤『藩財政再考』に収録)。

三家の「御役備仕法」

天明二年七月二八日、佐賀藩より蓮池《はすのいけ》鍋島家へ、幕府より来春の勅使接待役が同家へ命じられる見込みであり、その費用を準備できるか検討するよう指示が出された。[8] 翌月五日、蓮池鍋島家は佐賀藩へ、費用の見込み金八〇〇〇両のうち五〇〇〇両は準備できるかもしれないが、残り三〇〇〇両は極めて難しいと説明し、支援を求めた。さらに同月には佐賀を台風が襲い、蓮池領内も被害が出た。そのため蓮池鍋島家は、もし接待役が命じられたら台風被害を理由に断わるよう、佐賀藩に依頼した。しかし翌天明三年正月、蓮池鍋島家は正式に接待役を命じられてしまう。結局佐賀藩は、同家に対し三〇〇〇両を貸し付けた。

さらに翌天明四年閏正月、今度は小城《おぎ》鍋島家が公家衆接待役を命じられた。この費用も金八〇〇〇両と見込まれ、同家は急ぎ五五〇〇両準備した。この接待役は急きょ免除されたものの、このときの小城鍋島家の費用準備は手際がよかったようで、同家の家老たちが佐賀藩より賞されている。小城鍋島家は以前の失敗を教訓に、幕府から課役を命じられたさいの資金繰り体制を整えていたのかもしれない。いずれにしろ、三家がたびたび課せられたさまざまな課役の費用捻出は、佐賀藩にとっても悩みの種だった。

そのため佐賀藩は、みずから金五〇〇両、三家にはあわせて一〇〇〇両を出させ、「役備金」として備蓄することにした。[9] 天明六年小城鍋島家が伝奏接待役を拝

（8）天明二年「請役所日記」（蓮池鍋島家文庫〇二三ー一九）。

（9）天明四年「請役所日記」（蓮池鍋島家文庫〇二三ー一九）。

命したさい、「役備金」より二〇〇〇両借り入れており、その後も佐賀藩と三家で積み増していたようだ。また、このとき小城鍋島家は江戸の小川屋という商人に金三〇〇〇両を預けており、それを充てるつもりだった（小川屋が火災にあったため、このときは見送られた）。やはり小城鍋島家は、幕府課役への備えをすすめていたようだ。三家の財政難、特に幕府課役の資金繰りは佐賀藩にとって大きな課題だったが、佐賀藩と三家が協力し、何とか遂行できる体制を築き上げていった。

財政改善？

天明四年九月二日、同年一〇月～翌年九月の財政見積もりが治茂に提出された。この見積もりにおいて注目したいのは、銀五〇〇貫目を後年の参勤交代の費用として貯蓄しておく、としている点である。さらにそのうえで、一〇六五貫目が余ると見込んでいた。

もしこのとおりになれば、大変な財政改善である。しかし財政帳簿をみると、実際には三七六四貫目の赤字を出し、それを借金で補っていた。実はこの財政見積もり、借金返済額を銀八三二貫目としていた。一〇〇〇年ローンなどの借金整理により、一年あたりの返済額をそこまで圧縮できると考えたようだ。

では現実にはどうだったのか。この年度の財政帳簿をみると、翌年度の参勤交

■表8　佐賀藩財政状況（2）

年	米価	収支	貸借	合計
天明元年	47	6,851	▲3,294	3,557
天明２年	72	▲4,628	▲4,501	▲9,130
天明３年	86	4,022	▲4,137	▲115
天明４年	80	1,785	▲2,546	▲760
天明５年	53	▲360	▲925	▲1,285
天明６年	93	3,941	▲1,821	2,120
天明７年	68	2,152	▲6,278	▲4,126
天明８年	62	1,840	▲1,476	364
	70	15,603	▲24,978	▲9,375

すべて銀、単位は米価が匁、そのほかは貫。最終行は米価が1年平均。そのほかは期間中の合計高。小数点以下は非表示

代費用として銀五八〇貫目が支出に計上されており（貯蓄に回す）、見積もり以上の額を準備していた。また借金返済額は五五四八貫目と、見積もりをはるかに上回っており、その結果三七六四貫目の赤字を計上し、借金で補った。ただし前年度は銀一万八六一貫目を借金返済にあてており、およそ半分に減らしていた。ある程度、借金整理の効果が現れていたとみていいだろう。また、もし借金返済額が見積もりどおりだった場合、一〇〇〇貫目ほど黒字だった計算になる。見積もりは、かなり正確だったようだ。

それでは、やはり治茂の政治が功を奏し、財政が改善していたのか。この頃の佐賀藩財政に大きく影響を与えたのは、天明飢饉による米価高騰である（表８）。安永元年度～天明元年度までの平均米価（財政帳簿の年貢米販売価格）は一石あたり銀四七匁、安永八、九年度は四〇目、三八匁まで落ち込んでいた。ところが飢饉が始まった天明二年度以降米価は上昇し、同八年度までの平均米価は一石あたり七三匁、見積もりが作成された天明四年度は八〇目にまで上昇していた。

ここまで述べてきたように、佐賀藩は宝くじなどさまざまな収入源を確保していたが、それでも最大の財源は、やはり年貢米だった。この頃佐賀藩の年貢収納高に大きな落ち込みはなく、米価高騰により利益を得たことになる。

その結果、借金を大幅に減らしただろうことが、表8「貸借」の大きなマイナス（それだけ、返済高が借入高を上回った）から読み取ることができる。この時期佐賀藩は借入を減らし（借金整理により毎年の返済高を圧縮したからこそ、減らすことができた）、米価上昇による利益と繰越金を投じることにより、借金削減を果たしたと考えられる。

治茂と教育

ここまで財政政策を中心にみてきたが、天明期において、のちの佐賀藩に大きな影響を与えた施策は、弘道館の設立である。もともと佐賀城下付近には、鬼丸《おにまる》と大財《おおたから》に聖堂（孔子を祀る施設）があり、そこで儒学の講義が行われていたが、次第に通う者が少なくなったという。また弘道館設立後に出された通達をみると、藩内の人材不足が設立の理由とされている。

もともと治茂は、藩主に就いた翌年の明和八年一〇月、家老多久《たく》茂延を稽古方《けいこかた》都合心遣《つごうこころづかい》に任命していた。美作は同年一二月、「家中の者が文武の道に励むように」という治茂の命を受け、聖堂や美作自宅での儒学・兵法の講義開講などを提案している。ただ儒学も兵法も月に三回の開講とされており、のちの弘道館に比べればとても少なかった。しかし治茂は特に不満があったようでもなく、このますますすめられたようだ。

大財聖堂跡にある碑（佐賀市大財）

弘道館の設立

このように治茂は、もともと家中の学問・武芸奨励に大きな関心を持っていたが、弘道館の設立は、多久美作を稽古方都合に任命してから一〇年後の天明元年である。なぜ、天明元年というタイミングだったのだろうか。

まず弘道館設置直後の天明二年三月に治茂が発した通達をみると、

佐賀藩にはたくさんの家臣がいるが、現在役立つ者は少なくなっている。これは文武の道を怠り、普段から藩へ奉公する心がけが薄いためである。これまで何度もこの旨を教諭する通達を出してきたが、なかなか行き届かず好転しないため、このたび弘道館を設立した。

と、藩内の人材不足を弘道館設立の理由として挙げている。治茂が藩主に就いてから一〇年以上経つものの、ここまでみてきたように財政運営においてさまざまな問題を抱え続けていた。その理由を藩内の人材不足に求め、育成機関としての役割を弘道館に期待したと考えたい。

さらに重要なのは、これまでの研究でも指摘されてきたように、古賀精里《せいり》の存在だろう。精里は安永八年に京・大坂での遊学から帰国し[10]、天明元年六月には、文武方・御境目方・御絵図方の相談役格だったことが確認できる。特に文武方を

（10）『佐賀県人名辞典』（佐賀県立佐賀城本丸歴史館、http://www.saga-ebooks.jp/?p=5884）。

担当していたことから、弘道館設立に深く関与していたことがうかがえよう。

　天明元年九月に「文武稽古場」が設立され、一二月六日に弘道館と命名された。精里はそれまでの役職はそのままに、学問所頭取に任命されている。精里は長尾忠三郎（六府方の設立を提案したとされる長尾東郭の子）・嶋内幸右衛門とともに、弘道館の運営方法策定や教員の人選などをすすめた。

　弘道館設立で注目したいのは、治茂が藩内の人材不足を嘆いている点である。ここまでの藩政運営に、彼が不満を抱いていたことがうかがえる。また古賀精里の登用により、佐賀藩において朱子学が大きな存在となったことも重要である。その後の治茂の政治には朱子学の影響が感じられるし、精里の子穀堂《こくどう》の薫陶を受けた治茂の孫鍋島直正《なおまさ》も、朱子学にもとづいた政治をすすめた。[11]

（11）伊藤昭弘『青年藩主鍋島直正——天保期の佐賀藩』（海鳥社、二〇二一年）。

（1）文献出版、一九七八年。

藩祖鍋島直茂を祭神として安永元年（一七七二）創建された松原神社（佐賀市松原）

寛政・享和期の政治

安定した藩財政

この時期の財政状況をみると（表9）、収支は一五カ年のうち一〇カ年で黒字である。また貸借もほとんどの年でマイナス（借入より返済が多い）になっている。とても安定した財政運営が行われていたと、評価していいだろう。

その要因は、やはり米価であると筆者は考えている。天明期の平均米価一石あたり銀七〇匁よりは下がるものの、一石あたり六四匁と、治茂《はるしげ》が藩主になる直前の明和期、および就任直後の安永期に比べるとはるかに高い。大坂の両替商草間直方《なおかた》が記した『三貨図彙《さんかずい》』(1)によると、寛政元（一七八九）〜三年は全国的に豊作で米価は下がったが、四年は一転して不作になり、さらに島原で発生した地震によって「近国」に被害が出て、米価高騰に拍車をかけたという。この地震は「島原大変肥後迷惑」というフレーズで有名だが、津波被害を受けた熊本藩の米は大坂で取引される主要ブランド米の筆頭であり、米価に与えた影響は大きかっただろう。同五年は豊作だったものの、翌六年は「旱《ひでり》」により米価は上がり、翌七年も続いた。同八年は九州の洪水、九年はまたもや「旱」、一〇年は関東などの洪水、一二年は東日本の不作により、いずれも米価は高かった。佐賀藩でも、たとえば寛政四年には「当秋大損毛」と大凶作に見舞われており、年貢収入も減少したが、それでも高米価の影響は大きく、財政的にマイナスにはなっていない。

　米価以外に財政状況を左右した要素（大幅な支出削減や、新たな財源の創出）は見受けられず、佐賀藩は天明期に引き続き米価高騰の恩恵により、安定した財政運営ができたといえよう。

石火矢の劣化

　そのためか、この時期の佐賀藩において財政政策で特筆すべきものは見当たらず、ここでは長崎警備と在住代官制について取り上げたい。

　まずは長崎警備について(2)。寛政五年七月七日、治茂は日峯社《にっぽう》（松原神社）および徳善社《とくぜん》（徳善院）に対し、祈禱を命じた。佐賀・福岡藩が隔年で駐屯する長崎の西泊《にしどまり》・戸町《とまち》番所に備えられた大砲（「石火矢《いしびや》」）に、サビや破損が見つかった。この件にかんする幕府への報告がうまくい

■表9 佐賀藩財政状況（3）

年	米価	収支	貸借	合計
寛政元年	53	339	▲ 309	30
寛政2年	51	1,228	▲ 331	897
寛政3年	71	1,244	285	1,529
寛政4年	87	2,145	227	2,372
寛政5年	56	▲ 626	▲ 762	▲ 1,388
寛政6年	52	▲ 1,588	2,186	598
寛政7年	73	▲ 72	▲ 107	▲ 178
寛政8年	70	2,048	▲ 948	1,100
寛政9年	62	▲ 408	▲ 645	▲ 1,053
寛政10年	57	▲ 3,128	▲ 1,585	▲ 4,714
寛政11年	67	1,173	▲ 1,160	13
寛政12年	70	2,575	▲ 1,871	704
享和元年	69	472	▲ 204	268
享和2年	64	621	2,561	3,181
享和3年	60	296	▲ 687	▲ 391
	64	6,321	▲ 3,353	2,969

すべて銀、単位は米価が匁、そのほかは貫。最終行は米価が1年平均。そのほかは期間中の合計高。小数点以下は非表示

（2）この時期の長崎警備については、梶原良則「寛政～文化期の長崎警備とフェートン号事件」（『福岡大学人文論叢』三七、二〇〇五年）、富田紘次「一八世紀における佐賀藩の長崎警備」（「幕末佐賀藩の科学技術」編集委員会編『幕末佐賀藩の科学技術　上　長崎警備強化と反射炉の構築』岩田書院、二〇一六年）に詳しく、本書でも参考にした。

くよう、両社に祈願させたのである。

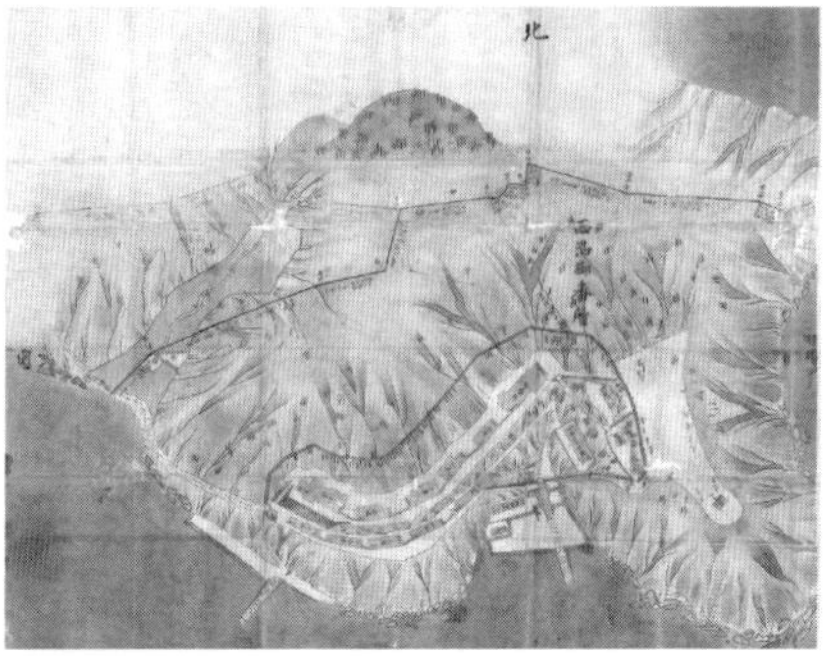

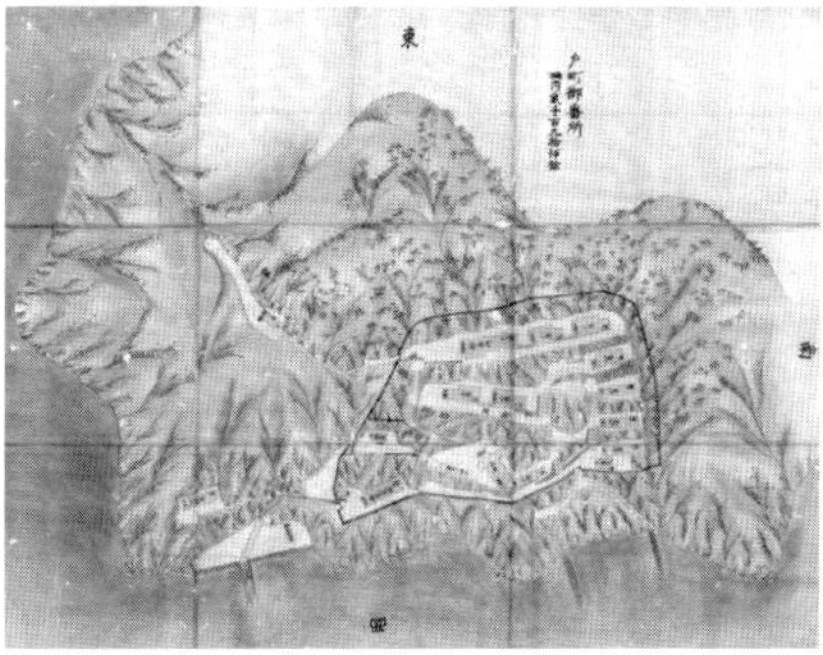

長崎西泊番所（上）と長崎戸町番所（下、いずれも佐賀県立図書館所蔵、同館データベースより）

同年八月九日、佐賀・福岡藩の役人立会のもと、全石火矢の詳しい調査が実施された。その結果、全三九挺のうち二四挺に不具合が発見されるという有様だった。同月二一日、両藩の役人は長崎奉行所へ報告したところ、翌九月には長崎奉行平賀貞愛《ただえ》より江戸の幕閣へ上申された。その結果、翌年春に石火矢の試射が実施されることになった。

この頃ロシア船をはじめとする異国船が相次いで日本近海に現れ、幕府はその対策を重要課題として捉えていたという。(3) 寛政三年七月、幕府は佐賀・福岡両藩へ長崎および領内沿岸の防備体制にかんする報告を命じ、さらに翌四年一一月には、全国諸藩にも同様の命令を出した。こうした流れのなかで、西泊・戸町番所の石火矢に欠陥が見つかったようだ。

ラクスマンと長崎

さらに長崎奉行や佐賀・福岡藩にとって、心配なことがあった。寛政四年九月、ロシア使節ラクスマンが大黒屋光太夫《こうだゆう》ら日本人漂流民とともに根室に来航し、日

（3）梶原「寛政～文化期の長崎警備とフェートン号事件」。

本との貿易を望んだことだ。これに対し幕府は翌五年六月、松前にて長崎への入港許可証である信牌《しんぱい》をラクスマンに渡した。

文化元年（一八〇四）、ロシア使節レザノフが長崎に来航したさいの佐賀藩の対応をまとめた記録[4]によると、寛政五年八月、平賀貞愛より「ロシア船が長崎に来た場合には武力で威嚇するよう江戸の幕閣はお考えなので、大砲を台場に備えておき、ロシア側がおかしな行動をみせれば攻撃するつもりで準備するよう」との通知が佐賀藩へ出されたという。

ロシア船への備え

前述の平賀の通知にもとづけば、ロシア船来航のさいは、佐賀・福岡両藩で非戦闘員も含め数千人を長崎へ派遣する必要があったらしい。[5]しかし翌寛政六年二月、両藩は「番船・出迎船」（ロシア船に対応する軍船とまとめておきたい）について「御当番・御非番一手限の御取計」「前々の通一手限御取計」を長崎奉行高尾信福《のぶとみ》に申し出た。もしロシア船来航時に両藩ともに軍船などを出せば、かえって混乱が生じると見込み、そのとき長崎警備の当番だった藩だけが出すことを提案した。

高尾はこれを了承し、さらにロシア船がいつ来るかわからないため、長崎への増派はもちろん両藩内で増派に備えておくことも無用との見解を示した。ラクス

（4）「魯西亜船渡来録　一」（鍋島家文庫二五三‐一八）。伊藤昭弘編『魯西亜船渡来録』（低平地研究会歴史・文化専門部会二〇二一年度研究報告書、二〇二二年）に収録。

（5）「魯西亜船渡来録　一」。

マンとの交渉が平和裏に済んだこともあり、ロシア船来航をさほど軍事的脅威とは捉えてなかったようだ。

石火矢の製造

寛政六年二月、長崎西泊・戸町番所石火矢の試射が実施されたが、三五挺のうち一二挺が壊れ、八挺は実用に耐えず、四挺は損傷したという[6]。そもそも試射自体、およそ一〇〇年ぶりのことだったらしい。さらに四月には、試射で無事だった石火矢についてさらに調査し、使えないものがあった場合には代わりに佐賀・福岡両藩の石火矢を配備することになった。

　結局二七挺の石火矢が使えなくなり、両藩は自分たちで新たに製造し、幕府に献上することにした。そのうえで佐賀藩は、それまで鉄製と唐銅《からかね》（青銅）製が混在していたのをすべて唐銅製に統一し（鉄製はサビなどにより劣化しやすいためだという）、さらに大型化を図るよう福岡藩・長崎奉行に提案し、合意を得た。翌寛政七年二月より両藩は具体的な協議に入り、四月には計画が策定された。同八年八月に幕府の承認を得、製造を終えたのは同一〇年九月のことだった。また西泊・戸町番所以外の七カ所の台場（大田尾《おおたお》・女神《めがみ》・神崎《こうざき》・白崎《しろさき》・高鉾《たかほこ》・長刀岩《なぎなたいわ》・陰尾《かげのお》）でも新造の石火矢が多数配備され、この頃長崎警備体制は増強されたと評価されている。

（6）梶原「寛政～文化期の長崎警備とフェートン号事件」。

農村政策の基調

次に在住代官制だが、まず治茂が藩主に就いて以降の農村政策をみておきたい。藩主に就いて二年後の安永元年（一七七二）二月二一日、治茂は当役諫早茂図《いさはやしげつぐ》らに対し、次のような「御書付」を渡した。近年領内は困窮し、不作が続いて農民たちは零落している。そのため稲作への従事も難しく、飢えている者も多いと聞き、心を痛めている。こうした極難の人びとを救い、稲作に取り組むことができるようすべきである。農村の盛衰は藩の存続にかかわる問題であり、念を入れて取り組むように。

筆者がみる限り、このような「困窮した農村」という前提にもとづく農政は、その後も続いている。天明四年（一七八四）一二月二日、治茂へ提出された伺い書（請役所《うけやくしょ》からか。治茂は承認）では、享保飢饉以来農村は零落し、なかにはそれなりの生活をしている者もいるが、たびたび発生する天災、およびこの年の流行病により多くの農民は苦しんでいるという。これが事実だとすると、享保飢饉から五〇年以上、佐賀藩の農村はずっと困窮していたことになる。

寛政期に入っても、寛政四年には甚大な不作に見舞われ、佐賀藩は生活困窮者への対応を実施している。いかに困窮している農村・農民を立て直すかが、佐賀藩農政の基調だった。

農村観の変化

　寛政一〇年一二月二五日、請役所より治茂に提出された伺い書は、「農民たちが身の程に不相応な衣服を好み、あるいは酒食に興じている」としている。また同一一年一月二五日、やはり請役所から治茂あての伺い書でも、「農村の風俗が次第に猥《みだ》りになり、農民たちは風流・華美を好んで律儀や質素の精神を失い、婚礼・葬儀・祭礼などにおいて酒食などに多くの費用を掛けている」という。日本史研究でよく使われる表現を用いれば、「農村に商品経済が浸透し、人びとがお金を遣うようになった」とでもなるのだが、そもそも困窮していたはずの農村において、どこに（藩からみて）無駄遣いするお金があったのだろうか。

これも日本史研究でよくいわれることだが、農村において貧富の差が生じてきた、とも考えられる。お金を持っている人は派手に遣い、貧しい人はさらに貧しくなる。非常に説得力があるようにも思えるが、なぜ寛政一〇年というタイミングなのか。この頃から急に格差が広がったのか。

筆者はこの点、米価との関連を考えている。佐賀藩財政が高米価の恩恵を受けていたことは前述のとおりだが、米の生産者である農民たちも、当然収入増につながっただろう。天明期から続いた高米価を背景に農村にお金が流れ込み、農民たちの生活に余裕が出てきたのではないだろうか。もちろんさほど田地を持たない農民にとっては恩恵も少ないが、佐賀藩の農村では「荒使子《あらしこ》」と呼ばれる日雇い労働者を雇用することが一般的で、家族の労働力だけでは農作業を完結できない程の田畑を耕作する農民が多かった。

　さらに天明期以降、たびたび「荒使子」が不足し、佐賀藩は領外からの労働者雇い入れを認めるほどだった。家族プラス不定期雇用の労働力で稲作中心の農業を営み、米価の上昇によって現金収入が増大する、それが天明～寛政期佐賀藩における農民の一般的な姿だったのではないだろうか。

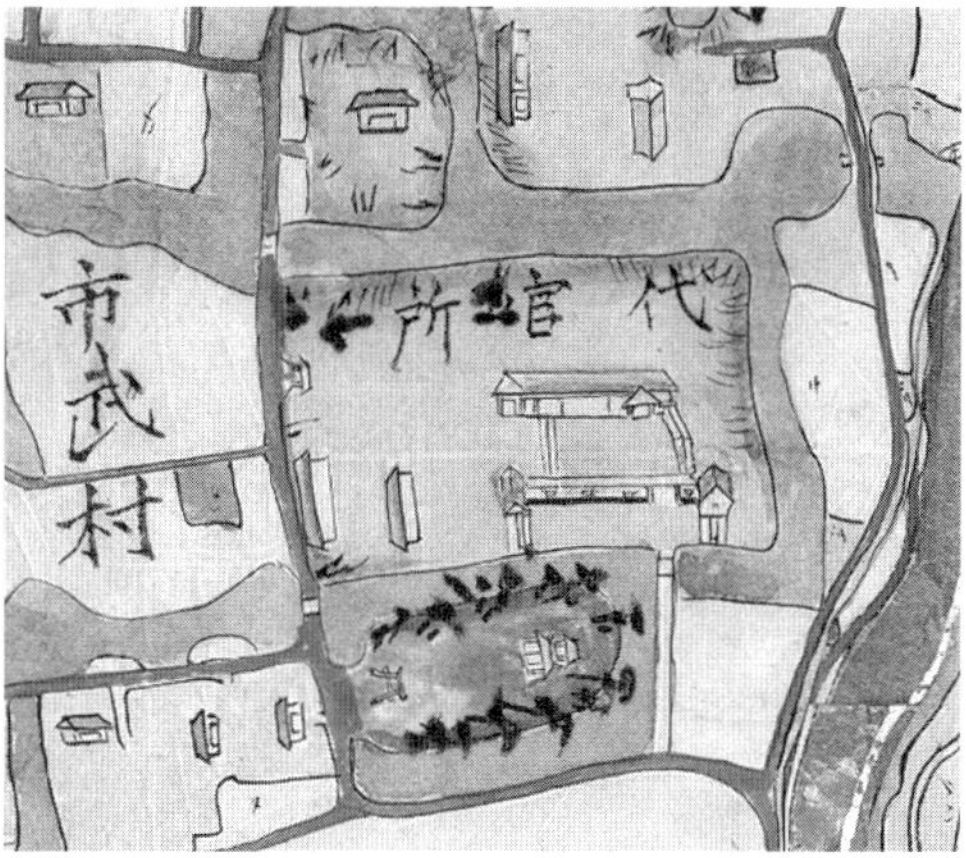

三根・養父郡などを管轄した代官所。市武村（現みやき町）に置かれた（佐賀県立図書館所蔵「三根郡下村郷図」、同館データベースより）

佐賀藩の農村支配システム

　佐賀藩では、郡代と代官が農村支配にあたっていた。郡代はその名のとおり各郡（複数の郡をまとめることもあれば、ひとつの郡をふたつに分けることもあった）ごとに置かれ、代官は佐賀藩の直轄地をいくつかのエリアに分けて任命された。おおまかにいえば、農村における行政（警察機能や農民たちへの指導など）は郡代が担当し、年貢徴収は代官（家臣の領地では、それぞれ自己責任で年貢を集めた）がつとめた。ただ、たとえば農民に対する「農業に励みなさい」という指導は郡代の管轄だが、農業に励むことで収穫増→年貢増につながるため、代官も似たような指導をおこなった。そもそも藩／領主は現代の行政とはことなり、できるだけ多くの年貢など諸税を集めたり、農民に課役をつとめさせたりするために、さまざまな政策を実施していた。そのため郡代・代官の職掌を、厳密に区別することは難しかったようだ。

白石四郷などを管轄した代官所の跡に建てられた碑（白石町遠江）

在住代官制

代官は直轄地をおおよそ五つの地域に分け、各地域に一人置かれた。ただ彼らは担当地域に赴くことは少なく、佐賀城下で執務にあたった。現地の行政は、村を十数カ村ほどまとめた「郷」という行政単位ごとに任命された大庄屋が担っていたようである。

前述した寛政一〇年一二月二五日の伺い書は、三根《みね》・養父《やぶ》郡、上佐嘉《さが》下郷・新庄郷（現在の佐賀市大和町、鍋島あたり）、横辺田《よこべた》両郷（現在の江北《こうほく》・大町《おおまち》町あたり）にひとりずつ代官を任命し、さらに各地に「役屋」（代官所）を建てる旨を提案し、治茂の許しを得た。

前述のとおり、代官の主な仕事は年貢など諸税徴収にかかる内容だった。しかしここでは、例えばぜいたくな生活を送ったり農業に励まない農民を調べ上げ、代官所で「棒・杭」に縛り付けるなどの罰を科したり、代官所内に設けた牢に拘禁したりすることになった。代官は代官所に住み着いて常に担当地域に目を光らせ、藩が求める勤勉な農民像から外れた者がいないか、念入りに調査するよう命じられた。

三代官の設置は三年間の試行とされ、うまくいけば全直轄地において同様の仕組みを作る予定だった。しかし寛政一二年六月二二日、早くも全直轄地への代官在住を決定した。三根・養父・神埼里目《かんざきさとめ》(7)は諸岡彦右衛門、白石《しろいし》四郷・諫早・七浦《ななうら》は山本権之允、伊万里《いまり》・有田《ありた》皿山《さらやま》は石井五郎大夫、上佐嘉上下・新庄郷・鍋島村・両山内(8)は村岡喜右衛門、与賀《よか》上下・本庄・嘉瀬郷・晴気《はるけ》郷は志波《しわ》喜兵衛、横辺田両郷・橋下《はししも》郷は入江善次郎、川副《かわそえ》三郷・中佐嘉郷・巨勢《こせ》郷は福井甚兵衛が代官に任じられた。以降管轄地域や代官人数はたびたび変化するが、在住代官制度は廃藩まで存続した。

堂島米市場の「建物米」

全国の米が集まる大坂堂島《どうじま》米市場には、「建物米《たてものまい》」という仕組みがあった。堂島米市場では、正米取引と帳合米取引のふたつが行われていた。正米取引は諸藩の大坂蔵屋敷が発行する米切手を売買する現物取引だが、帳合米は現代の先物取引と同じである。帳合米取引では相場の基準となる銘柄が定められ、これを「建物米」と呼んだ。建物米には、「四蔵」と呼ばれた熊本藩・福岡藩・広島藩・長州藩、および金沢藩の米が選ばれた(9)。建物米に選ばれると正米取引にもプラスに影響し、価格が上がったそうだ。

(7)里目とは平野部のこと。

(8)背振や三瀬など、神埼・佐嘉郡の山間部。

(9)基本的にはどの藩も秋に年貢として徴収次第、米を大坂に送った。しかし金沢藩など日本海側の藩は、冬場は海が荒れて船で米を運べないため、冬が明けて海が落ち着いてから米を大坂へ送った。そのため堂島米市場でおもに取引される時期がずれるため、金沢藩の米が建物米に選ばれた。

享和元年（一八〇一）一二月一一日、治茂へ建物米にかんする報告が届いた。大坂における佐賀藩米の価格は上昇していたが、さらに上げるべく佐賀藩は、藩米を建物米にしようともくろんでいた。建物米は「浜方の者」（堂島米市場の仲買商人）の投票で選ばれており、佐賀藩は彼らに対し、佐賀藩米を建物米に選ぶよう運動していたようだ。しかしこの年は、熊本藩もかなりの運動をすすめており、結局同藩の米が建物米に選ばれたという。ただ佐賀藩にもかなりの票が集まり、いずれ建物米に選ばれるだろうとの見通しを述べている。

翌享和二年一〇月二二日、とうとう佐賀藩米が建物米に選ばれたという報告が届いた。安永年間を中心に、銀主《ぎんしゅ》との訴訟や空米切手《くうまいきって》騒動など大坂におけるさまざまな紛争に悩まされていたことを考えれば、大きな成果である。

安定した時代

以上、寛政・享和期の治茂の政治について検討した。史料をみると、災害による被害報告、財政赤字を嘆き対策を求める意見など、ネガティブな要素も多く見受けられる。しかし帳簿をみる限り財政は安定し、何より米価が高水準を保った。農村政策も「ぜいたくな農民」像にもとづいて立案されることが多くなり、佐賀藩全体の経済が成長していたと考えられる。経済成長の要因を、天明年間に六府方など治茂の政策に求めることも可能だが、本書ではやはり米価の上昇を主因と考える。心配事といえば、ロシア船の長崎来航だろうか。しかし筆者がみる限り、臨戦態勢というほどの緊張感は存在しなかったようだ。

ただ財政面で、気になることがある。表10は天明六〜享和三年の佐賀藩借金借入・返済額の推移である。寛政五年までは、年により返済額が大きいときもあるが、おおよそ低位安定だったといえるだろう。一〇〇〇年ローンなど天明期までの借金整理の賜物である。しかし寛政六年から次第に借入・返済額とも増加し、享和三年にはともに銀八〇〇〇貫目前後にまで達している。

なお借金増加の理由だが、財政赤字の補填という目的での借入は、財政収支の安定を考えれば少ないと考えられる。詳しい理由をはっきりと示す史料はみあたらないが、天明期の借金整理の効果が切れてきた（過去の借金を返さなければならなくなった）のではないだろうか。借金の増加傾向は、その後の佐賀藩政に大きな影響を与えることになる。

■表10 佐賀藩借入・返済銀高

年	借入	返済
天明6年	964	2,785
天明7年	1,380	7,658
天明8年	1,884	3,359
寛政元年	573	882
寛政2年	3,484	3,816
寛政3年	1,558	1,273
寛政4年	1,458	1,231
寛政5年	1,296	2,058
寛政6年	4,555	2,369
寛政7年	3,216	3,323
寛政8年	2,839	3,788
寛政9年	4,213	4,858
寛政10年	3,927	5,512
寛政11年	4,170	5,330
寛政12年	2,558	4,430
享和元年	6,999	7,204
享和2年	7,773	5,213
享和3年	7,882	8,569

単位は貫

少将叙任

享和元年一二月一六日、江戸城に登城した治茂は、長崎警備を精勤したとの理由により、左近衛権少将に任じられた。初代勝茂《かつしげ》以来、佐賀藩主は代々従四位下侍従に叙任されてきたが、その上の少将は治茂が初めてであり、佐賀藩では「格別の御昇進」としてこれを祝った。

少将叙任の経緯は、今のところよくわからない。理由に挙げられている長崎警備も、なぜこのタイミングなのか（大砲献上が評価されたか）。翌享和二年一二月、佐賀において少将昇任の御祝いが催されたが、そのさい「御心願御祈禱」をつとめた寺社に対し褒美が与えられており、治茂／佐賀藩の方から少将昇任を希望したのではなかろうか。いずれにしろ、藩政に邁進してきた治茂にとって、その褒賞とでもいえるような叙任だったのではないだろうか。このとき治茂は五七歳。佐賀藩主としてピークを迎えたといえるだろう。

治茂の死

ロシア船長崎来航情報

文化元年（一八〇四）七月五日、長崎の佐賀藩屋敷に詰め、長崎奉行との交渉などにあたる長崎聞役関伝之允より、佐賀に報告が届いた。(1) オランダ通詞《つうじ》（通訳）をつとめ、佐賀藩と関係が深かった長崎町人中山作三郎および本木庄左衛門から入手した情報を知らせたもので、ロシア船が来年までに長崎に来航するという内容だった。中山らは、オランダ商館長ドゥーフが長崎奉行へ提出した風説書を翻訳し、ひそかに関へ提出していた。ドゥーフの情報は、オランダ本国からもたらされたものだった。

佐賀藩は、このとき長崎警備の当番であり、早速対応を協議した。しかしロシア船来航情報は非公式に入手したものであり、長崎奉行から正式に通達がある前に動き出すと、知らせてくれた通詞たちが情報漏洩に問われるのではないかと危惧した。そ

(1)「魯西亜船渡来録　一」。

『肥前崎陽』（国立国会図書館所蔵、同館デジタルコレクションより）に描かれた出島・オランダ船など

のためまずは、ひそかに船や武具のチェックなどをすすめることにした。ところが同月一五日、佐賀藩領脇津《わきつ》（現長崎市脇岬《わきみさき》町、長崎半島の南端付近）の番人が、天草沖に外国船を発見した。佐賀藩ではロシア船が来たかと色めき立つが、長崎奉行から特別な指示はなかったため、従来の漂流船がきた場合の対応をとることにした。

翌一六日、関は長崎奉行成瀬因幡守の用人近藤十郎兵衛から呼び出され、ロシア船の来航情報を知らされた。一五日に発見した外国船は風雨のために見失ってしまったが、のち天草に漂着した琉球船だったことが判明した。ただ長崎奉行はロシア船の可能性を考慮し、来航情報を佐賀藩に知らせてきたようだ。その後佐賀藩は長崎奉行や福岡藩と相談し、ロシア船来航に備えることになった。翌八月、佐賀藩内でロシア船来航情報が公開され、たとえば蓮池《はすのいけ》鍋島家は担当する伊王島に鉄砲足軽を増派するなど(2)、藩内は一気に緊張した。

レザノフ来航

同年九月六日、佐賀藩重臣である深堀鍋島家（長崎半島や長崎港入口付近の島々を領する）より長崎の佐賀藩屋敷へ、同家の領地である高島の沖合に異国船を発見したとの通報がもたらされ、長崎聞役関伝之允はただちに長崎奉行所へ報告した。長崎奉行所は、まず異国船を佐賀藩領伊王島沖に停泊させ、役人が乗り

（2）文化元年「請役所日記」（蓮池鍋島家文庫〇一三一－一九）。

込んで検分した。その結果、日本人漂流民四人を乗せたロシア船だと判明した。(3)

この船には、ロシア皇帝アレクサンドル一世の親書、およびラクスマンが幕府より受け取った信牌《しんぱい》を携えたニコライ・レザノフがロシア使節として乗船していた。レザノフが遺した記録(4)によれば、九月六日正午頃、彼を乗せた船に長崎奉行所の役人を乗せた小舟が接近し、来航目的を文書で出すよう求められ、彼は信牌を渡した。同日夜遅くに長崎奉行所の役人が乗船、その後商館長ドゥーフらオランダ人も乗船したという。このとき奉行所側は、ロシア船だとはっきり認識したようだ。

文化元年（1804）、長崎に来航したロシア使節レザノフ（国立公文書館所蔵『視聴草』、同館デジタルアーカイブより）

治茂の病

ロシア船が来た九月はちょうどオランダ船が長崎を出港する時期で、長崎警備の当番である佐賀藩は、藩主がそれを見届けるために長崎へ出張する必要があった。さらにロシア船が来航したため、なおのこと藩主治茂《はるしげ》は急ぎ長崎へ向かわなければならなかった。しかし九月一三日に佐賀より江戸の佐賀藩留守居に送った書状によると、治茂の病気は快方に向かっているものの、最近は腰痛がひどいという。そのため治茂の代理

（3）「おろしや船ゑけれす船渡来記」（鍋島家文庫二五三－二八）。
（4）大島幹雄訳『日本滞在日記』（岩波文庫、二〇〇〇年）。

東光寺（佐賀市本庄町）にある治茂の供養塔

として、嗣子の斉直《なりなお》が長崎へ出向くことになった。

治茂は、この年の始めは江戸にあり、三月二一日に同地を発ち、五月三日佐賀に着いた。例年の帰国よりやや日数がかかっているが、このとき治茂は江戸を発ったのち日光へおもむき、東照宮に参詣したためだった。兄重茂《しげもち》のように、病気により旅程が遅れるようなことはなかった。ただ同年九月二八日付の治茂の「御容体書」には、帰国中から口舌に「御微痛」があったと記されている。そして七月二日に医師が診たところ、舌の腫れや口中の異常（「御過赤」とあり、異常に赤みがかっていたということか）がみつかった。会話や飲食のさい舌を動かすのが難しかったほか、右耳あたりから頭部にかけて痛みがあったという。八月に入りやや軽くなったが、今度は腰痛にも悩まされるようになった。

病状の悪化

舌の腫れはなかなか治らず、記録には「御腐肉」とか「御疽蝕」といった表現が記されている。いったんは快方に向かったようだが、八月下旬から「御疽蝕」が「御蔓延」したという。佐賀藩の医師では治療方法がわからず、幕府の御典医に意見を仰いだり、長崎で在留中国人やオランダ商館の医師に有効な治療法がないか尋ねたりしていた。九月下旬には藩医が準備した薬が効いたらしく、快方に向かった。一〇月一六日の「御容体書」には、病状にさほど変化はないとしつつ、

「御腐肉」がみられなくなったとある。

しかし一一月下旬から再び悪化し、舌には「御疽蝕」、歯茎には「御腐肉」が広がった。それでも食事量に変わりはなかったが、病疲れのせいか脈に異常がみられるようになったという。一二月下旬になると食事もすすまなくなり、痩せていった。

年がかわり文化二年一月五日、脈がすぐれなくなり急きょ嗣子の斉直に知らせられ、斉直は急ぎ治茂のもとを訪れている。そして一月一二日[5]寅中刻（およそ午前四～五時頃）、治茂は息を引き取った。

（5）治茂の年譜に拠る。系図では一月一〇日とされる。

治茂と直正

本書は治茂《はるしげ》の生涯を概観し、特に藩主時代の政治について詳しく述べた。しかし本書のなかでも儒学への傾倒に触れたように、人としての治茂を知るには学問や思想、さらには和歌など文雅を愛する面についても論じる必要がある。筆者の力量では、そこまで手を広げることは到底できないが、今後治茂のこうした側面について詳しく語られることを期待したい。

以前筆者は治茂の孫、鍋島直正《なおまさ》の一〇～二〇代の頃の政治について論じたことがある。[1] 直正は文政一三年（一八三〇）、一七歳で藩主に就き、文久二年（一八六二）隠居するまで三〇年以上その座にあった。直正といえば藩政改革や軍事力強化のことがよく語られ、名君としてのイメージが定まっている。しかし三〇年以上の治世すべて、ひとつのイメージで固めていいのか。こうした疑問をもとに、あえて青年時代の直正にフォーカスしてみた。その結果、儒学（朱子学）にもとづいた清廉・勤勉な藩を作り上げようとしながらも、理想と現実の狭間で苦悩する若者の姿を浮かび上げることができたと考えている。

（1）伊藤『青年藩主鍋島直正――天保期の佐賀藩』。

治茂の治世も三〇年以上にわたっており、先行研究のように兄重茂《しげもち》の治世において作成された藩政改革案「御仕組八ヶ条《おしくみはちかじょう》」と彼の政治を結びつけることに、筆者は疑問を持った。そして本書においてできるだけ詳しく彼の政治をみてきたが、財政難解消のため、ときには自身の意思にそむくこと（宝くじなど）も容認していた時期、弘道館を設立し儒学にもとづいた政治を推進しようとした時期、米価の高騰により藩財政が持ち直し、安定した政治をすすめた時期、と三つの時期に分けることができるように思う。

治茂の政治をみたとき、直正との共通点がいくつも浮かび上がる。治茂が創設した弘道館を直正が拡充したり、宝くじや「旅女」に否定的だった点も同じである。少将昇任も、歴代藩主ではこのふたりだけだった。また藩財政についても、ともに米価高騰の恩恵を得ている。逆に評価が低い九代藩主斉直の頃は米価が低迷しており、単に藩主・藩政執行者の能力だけでは評価できない、外因的な要素が藩財政に大きく影響したと筆者は考えている。

幕末の佐賀藩について今後さらに研究を深化させるためには、直正が見本とした祖父治茂の治世をさらに明らかにしていく必要があると思う。本書がその一助となり、佐賀藩研究がさらにすすめば幸いである。

伊藤昭弘
1971年生まれ。佐賀大学地域学歴史文化研究センター教授。同センター長。

【主要編著】
『藩財政再考——藩財政・領外銀主・地域経済』（清文堂出版、2014年）
『佐賀学ブックレット⑧　青年藩主 鍋島直正』（海鳥社、2020年）

佐賀学ブックレット⑩　鍋島治茂《なべしまはるしげ》の政治《せいじ》
2023年3月31日　第1刷発行
■
著者　伊藤昭弘
発行者　佐賀大学地域学歴史文化研究センター
〒840-8502　佐賀市本庄町1
電話・FAX　0952（28）8378
■
制作・発売　有限会社海鳥社
〒812-0023　福岡市博多区奈良屋町13番4号
電話　092（272）0120　FAX　092（272）0121
http://www.kaichosha-f.co.jp
印刷・製本　大村印刷株式会社
［定価は表紙カバーに表示］
ISBN978-4-86656-142-4